청소년의 **자아성장**을 위한

문학치료

김효현 저

학지사

머리말

　문학치료 상담 장면에서 가장 감동적인 순간은, 자신의 이야기를 겉으로 전혀 드러내지 못하는 청소년이 작품을 따라가며 공감하는 장면에서 자연스럽게 자신의 삶을 마주하고, 힘들었던 마음속 아픔을 표현하는 순간입니다. 그렇게 문학은 청소년의 자아를 비추는 거울이 되어 치유의 힘을 발휘합니다.

　필자는 오랫동안 교실에서 문학 공감 수업을 통해 청소년과 마음의 대화를 나누었고, 그들에게 삶의 길을 열어 가는 데 작은 길잡이가 되려고 노력하고 있습니다. 청소년은 '심청'이나 '완득이'를 만나면서 마치 자신이 예전에 알던 사람처럼 그 인물에게 몰입하고 자신의 진솔한 이야기를 들려줍니다. 특히 옛이야기에는 치유의 힘이 있어서 아이들이 좋아하고, 그 옛이야기에 담긴 상징과 상상력을 자극하는 열린 구조 덕분에 상담 장면에서 무한한 이야기의 원천이 됩니다.

　그동안 청소년과 대면상담이나 일반적인 심리상담을 진행해 보았지만, 문학치료 상담이 청소년 내담자가 훨씬 덜 부담스럽게 자신의 내면을 스스로 만나는 방식이라고 생각합니다. 보편적으로 청소년들은 직접 자신의 이야기를 꺼내는 것을 부담스러워합니다. 실제로 겉으로는 전혀 문제가 없는 것처럼 보이는 청소년이 문학치료 중 인물에 대한 문학치료 반응에서 자신도 모르게 내면의 아픔을 드러내는 경우가 많았습니다.

청소년은 문학치료 장면에서 인물의 삶에 빠져들어서 무의식적으로 자아를 찾는 여행을 떠나게 됩니다. 자신이 살던 터전에서 벗어나 '나'를 찾아 길을 떠나는 '바리'가 되고, 자신이 잃어버린 존재인 원천강을 찾아 자신이 누구인지 깨닫는 '오늘이'가 됩니다. 문학작품의 인물들을 만나면서 자신이 아무에게도 말하지 못하고 마음속 깊은 동굴에 숨겨 놓은 내면의 아픔을 꺼내어 토로하는 시간을 가지며 스스로 성장의 열쇠를 찾게 됩니다.

일반적으로 청소년기에 부모와의 애착이 건강하게 형성된 경우, 자아형성과 자아성장이 순탄하게 이루어져서 건강한 대인관계를 맺고 자아존중감을 잘 발달시키게 됩니다. 하지만 어려서부터 부모와의 관계가 순탄치 못하고, 환경적으로 어려운 처지에 놓였거나 지금까지 살아온 자신의 삶과 다른 길로 들어서는 분기점에 서 있는 아이들은 마음속에서 불안과 혼돈의 과정에 놓이게 됩니다.

특히 부모와의 애착에 어려움을 겪거나 가정환경의 문제로 대인관계 형성에 어려움을 겪는 심리적 문제를 가지고 있는 청소년은 자존감이 낮게 형성됩니다. 자존감이 낮은 청소년일수록 학교에서 친구와 좋은 관계를 맺지 못하고 갈등하거나 외톨이가 되는 모습을 보입니다. 이러한 청소년에게 문학치료는 매우 적절한 치료법이라는 생각이 듭니다. 실제로 필자가 만난 중학생과 문학치료를 진행했을 때 다른 어떤 상담 기법보다 적절한 방법임을 알게 되었습니다.

필자는 학교에서 국어교사이자 담임교사로서, 그리고 문학치료를 연구한 연구자로서 어려운 상황이나 가족관계 문제로 힘들어하는 청소년을 도우려고 노력해 왔습니다. 그렇게 청소년을 대상으로 문학치료 프로그램을 진행하는 과정에서 개인상담을 해 보니, 겉으로는 의젓하고 성실해 보이지만 내면 깊은 곳에 많은 어려움을 가지고 있는 사례를 접하게 되었습니다. 그리고 그들이 부모화 경험이라는 특별한 경험을 한 청소년임을 알게 되었습니다. 그 아이들은 한창 부모의 관심과 사랑을 받아야 할 나이에 엄마를 잃거나 부모의 돌봄을 받지 못하고 자라서 자존감 형성에 어려움을 겪고 자신보다는 남의 욕구를 먼저 알아채며 그에 맞추려는 태도를 보였습니다. 이 아이들은 항상 자신의 욕구보다는 다른 사람에게 인정을 받으려고 애쓰거나 다른 사람을 신뢰하지 못하며 거부하는 마음을 가지고 있었습니다. 특히 부모에 대한 신뢰가 없고, 자신이 마치 세상에 홀로 내던져진 존재와 같다는 마음으로 자신의 삶에 불안한 마음을 가지고 있었습니다.

이들은 겉으로는 대단히 유순하고 모범적인 학생으로 문제가 없어 보였지만 상담을 진행하는 과정에서 속사정을 들어 보니 집안에서 부모역할을 대신해 집안일을 도맡고 가족을 책임지며 돌보는 청소년이었습니다. 항상 다른 사람을 배려하고 나이에 비해 성숙한 태도를 지니거나 겉으로 의젓한 태도를 보이기 때문에 대부분이 이들에게 특별한 관심을 가지지 않고 지나쳤습니다. 부모화된 청소년은 심리적·정서적 어려움을 겪고 그로 인해 성인기에 우울증과 같은 정신적 문제를 겪을 수 있기에 이들을 대상으로 청소년들의 자아성장을 위한 문학치료를 시행하게 되었습니다.

청소년기라는 인생의 중요한 갈림길에 선 아이들에게 부모와의 관계로 인한 마음의 상처와 고통은 어떤 의미일까요? 그러한 물음에 내린 해답을 찾는 마음으로 옛이야기 「심청전」, 「바리데기」와의 만남을 연결해 주고자 했습니다.

문학치료에서는 이야기에 담긴 삶의 서사를 탐구합니다. 이야기에는 각 인물의 삶이 하나의 서사로서 존재하고, 그 서사로 인해 삶의 방향성이 정해진다고 봅니다. 백설공주는 백설공주의 서사로 삶을 살아가고 심청은 심청의 서사로 살아간다는 이야기입니다. 문학치료는 내면에 어떤 서사지도를 가지고 삶의 길을 가고 있는지 스스로를 들여다보라고 말합니다. 내담자가 문학치료 과정에서 옛이야기에 담긴 인물의 삶을 들여다볼 때, 그 인물의 이야기가 하나의 거울이 되어 자신의 삶을 성찰하는 과정을 경험합니다. 즉, 문학작품 서사를 통해 내면을 투사하고 자신의 삶을 통찰하면서 스스로 자아 변화와 성장을 이루게 됩니다.

이 책에서는 부모화된 청소년이라는 특별한 내담자의 사례를 중심으로 문학치료를 통해 청소년이 어떻게 자신의 삶을 통찰하고 건강하게 자아성장을 이루어 나가는지 청소년의 성장발달 단계에 따라 실행한 과정을 제시하고 있습니다. 청소년의 자아성장을 위한 문학치료의 과정과 내용은 다음과 같습니다.

제1~3장에서는 문학치료라는 새로운 접근 방법의 원리와 청소년의 자아성장과의 적합성에 대한 논의를 정리하고, 특히 청소년 중에 부모와의 관계형성 문제로 인해 어려움을 겪는 사례로 부모화된 청소년의 문제를 제시했습니다. 이에 문학치료가 부모화된 청소년의 심리적 문제를 해결하고 자아성장을 이루는 데 적절한 치유법임을 제안했습니다.

제4장에서는 부모화된 청소년의 자아성장을 위한 문학치료의 작품 텍스트로 선정한 「심청전」과 「바리데기」가 지닌 문학치료적 요소를 분석하고 그 의의를 정리했습니다.

　제5장과 제6장에서는 청소년의 자아성장을 촉진하는 문학치료 프로그램의 구성과 모형을 제시하고, 실제로 이루어진 청소년의 자아성장을 위한 문학치료 프로그램이 어떻게 전개되는지 그 구조와 문학치료 프로그램 활동 및 전개 방식을 중심으로 구체적으로 소개했습니다.

　제7장과 제8장에서는 초기 청소년기와 후기 청소년기로 나누어 발달 단계에 따라 이루어진 문학치료 프로그램을 회기별로 제시했는데, 각 활동 내용과 전개 과정을 내담자의 사례를 구체적으로 제시하여 실제 문학치료를 진행하는 데 활용할 수 있도록 정리했습니다.

　제9장과 제10장에서는 실제 문학치료 프로그램 결과로 드러난 청소년의 자아성장과 변화된 모습을 실제 중심으로 정리하고, 청소년의 자아성장을 위한 문학치료 프로그램이 실제 청소년의 자아성장에 어떻게 기여하는지 그 의의와 필요성을 밝혔습니다.

　많은 내담자가 문학치료 프로그램에 즐겁게 참여하면서 다양한 문학치료 활동에 흥미와 관심을 보였습니다. 그들은 문학치료 상담시간을 기다리고 집단상담을 하는 시간에 서로 공감하며 마음을 나누는 행복한 문학 공감 상담 활동에 적극적으로 참여했습니다. 오히려 개인별 심층상담에서 나타내지 못했던 마음속 이야기가 다시 쓰기, 시 쓰기, 랩 가사 쓰기 등 다양한 문학 활동이나 가족화 그리기 등 미술치료 활동에서 투사적으로 잘 드러났습니다.

　청소년은 심청을 만나면서 자신을 만나고, 바리데기를 만나면서 자신의 미래를 꿈꾸는 바리가 되는 변화와 성장의 길을 스스로 걸어가는 모습을 나타내었습니다. 문학치료를 통해 내면에 깊이 숨겨 왔던 심리적 어려움을 겉으로 자연스럽게 표현하고 감정을 드러내며 스스로 자아성장을 이루었습니다. 이처럼 문학치료는 자아가 급격하게 성장하는 시기에 해당하는 청소년에게 자아를 탐색하고 자신의 삶에 대한 통찰을 얻을 수 있는 적절한 접근 방식임을 알 수 있습니다.

　문학치료는 다양한 연구가 이루어지는 시작점에 서 있고 이론 배경이 세워지고 있는 과정에 있습니다. 특히 청소년 문제에 대한 다양한 상담 및 치료적 접근이 필요한 시점입니다. 이 책의 문학치료 접근방법이 현재 학교 현장에서 청소년을 위해 상담하시는 선생님이나 문학치료에 관심을 가지고 있는 치료사에게 실제 청소년 상담 현장에서 활용될 수 있는 마중물이 되기를 소망합니다.

2023년 2월
김효현

차례

청소년의 자아성장을 위한
문학치료

1

문학치료와 청소년

- 문학치료란 무엇인가
- 문학치료의 역사
- 문학치료의 원리와 방법
- 청소년을 위한 문학치료

1

문학치료와 청소년

✻ 문학치료란 무엇인가

　문학치료학에서는 인간을 문학으로 본다. 정운채가 말한 '인간이 바로 문학이며 문학이 곧 인간(정운채, 2007)'이라는 관점이다. 문학을 하나의 작품으로 결과물로만 보던 관점에서 나아가 '인간 활동' 그 자체가 문학이며, 더 나아가 '인간' 그 자체를 문학으로 볼 수 있게 된 것이다.

　문학치료학의 서사이론은 문학작품, 인생의 저변, 또는 내면에서 끊임없이 작용하고 있는 것을 작품서사와 자기서사라는 이름을 붙이면서 시작되었다. 작품의 저변에는 작품서사가 있다. 같은 방식으로, 인간의 내면에는 자기서사가 있어서 인생으로 구현이 되는 것으로 본다.

　문학치료학의 서사에서 가장 중요하게 보는 것은 자기서사의 전모를 파악하는 일이다. 특히 문학치료학에서는 인간관계 속에서 어떠한 자기서사가 펼쳐지는지에 주목한다. 인간은 끊임없이 문제 상황 속에 내던져지는 현실의 삶을 살아간다. 문학치료학은 이러한 문제 상황과 해결책을 담고 있는 서사를 찾아 나가는 학문이라고 할 수 있다.

인간관계에 주목하는 서사에 초점을 맞추는 문학치료학은 문학작품 속의 작품서사와 조응하는 자기서사의 상호작용을 분석하는 접근법이다. 문학치료학에서는 설화 작품들을 매우 중요하게 본다. 분석심리학에서 말하는 오랜 세월 동안 인간의 삶을 통해 축적된 삶의 서사 원형이 설화에 그대로 녹아 있다. 옛이야기는 오래전에 있었던 이야기가 아니라 현재도 계속 진행되고 있는 삶의 원형의 서사이다.

✱ 문학치료의 역사

변학수(2005)에 따르면, 문학치료의 개념은 독서치료에서 온 것이다. 그러나 문학치료는 타인이 쓴 글을 수동적으로 읽는 독서치료보다는 더 능동적이고 포괄적인 개념의 학문으로 발전해 왔다. 그래서 독서치료는 여전히 의학이나 도서관학의 하위 영역이나 보조 영역으로 보는 견해가 많지만, 최근에는 능동적인 표현 중심의 독자적인 학문 분야로 문학치료를 보고 있다. 우리나라에서 '문학치료'는 독서치료, 저널치료, 글쓰기치료, 시치료, 통합문학치료, 심상 시치료 등의 여러 말로 범용해서 쓰고 있다. 각각의 용어에 대한 정의도 혼용되거나 영역을 넘나들고 있다.

독서치료에서 시작된 문학치료는 외국에서는 문학치료를 독서치료에 한정하여 보는 견해가 지배적이며, 현재는 문학적 치료에서 이론연구, 작품연구, 교육 및 임상연구, 프로그램 개발연구, 치료적인 임상 효과 등 다양한 분야에서 연구 성과물이 축적되고 있다. 문학치료학은 문학 프로그램 방법론이자 임상적 이론으로서 정신분석학, 인지심리학 등 다양한 심리학 이론과 교섭하며 방법론을 세련화하고 프로그램 영역을 넓혀

왔다. 특히 심리적인 문제와 관련해 문학치료학은 우울증, 양극성 성격장애, 편집성 성격장애, 연극성 성격장애, 강박성 성격장애, 불안장애, 품행장애 등을 이상심리로 통칭하면서 이런 증상을 일으키게 하는 심층적 원인으로서 자기서사에 관심을 기울이고 자기서사의 개선을 통한 이상심리의 치료 방안을 모색해 왔다.

우리나라에서 문학치료 분야의 연구는 한국문학치료학회를 이끌어 오면서 문학치료학에 관한 이론은 정운채(1996)를 중심으로 발전해 왔다.

문학치료의 핵심 개념 중 하나인 '서사(敍事, epic)'라는 개념을 도입하였다. 문학치료에서 말하는 '서사(敍事, epic)'의 개념은 곧 '문학의 기본전제이자 바탕'을 가리키는 말로 모든 문학은 서사로 구성되어 있고, 모든 인간 역시 서사로 구성되어 있으므로 기본적으로 문학치료는 서사를 통해 가능하다. 이렇게 서사에 관한 이론, 즉, '자기서사(自己敍事)'와 '작품서사(作品敍事)'라는 개념이 정립되면서 문학치료 임상연구도 활기를 띠기 시작했고, 2019년(53호) 현재까지 한국문학치료학회가 발간하는 학술지 『문학치료연구』에 게재된 학술논문도 서사에 관한 연구가 주를 이루고 있다.

✿ 문학치료의 원리와 방법

문학치료학에서는 문학이 곧 인간이고, 문학에 담긴 서사에 반응하는 자기서사에 치유 원리를 적용하고 있다. 자기서사를 문학치료의 가장 중요한 신난 노구이자 자기서사의 변화를 통해 삶의 문제를 해결하도록 길을 제시하고 있다. 문학치료는 심리치료와 달리 미적이고 문학적인 유기체로서의 자기서사이다.

문학치료의 원리는 문학을 통해 자신에게 없는 새로운 이야기를 경험하게 하고, 자신에게 필요하고 좋은 이야기를 더 풍부하게 알게 하며, 내면에 잠재되어 있어서 겉으로 드러나지 못했던 이야기들을 받아들이게된다는 것이다. 현실에서 만나는 내담자들은 자기서사를 강하게 고수하고 다른 이야기를 받아들이려 하지 않는다. 문학치료의 과정은 궁극적으로 '자기서사 변화하기'의 과정이며, 그것이 문학치료 치유의 과정이다.

정운채(2004)는 문학치료를 위한 핵심적인 일곱 가지 전제를 다음과 같이 제시하였고, 이는 지금까지 문학치료 연구의 가장 핵심적인 전제역할을 해 오고 있다.

첫째, 모든 문학은 서사(敍事)에 바탕을 두고 있다. 둘째, 환자와의 대화는 환자와 치료사가 만들어 가는 서사이다. 셋째, 환자에겐 이미 자기서사가 있다. 넷째, 환자가 좋아하는 문학작품이나 싫어하는 문학작품은 환자의 자기서사와 밀접한 관련이 있다. 다섯째, 문학치료를 하는 과정에서 환자의 서사, 선정한 문학작품의 서사 그리고 치료자의 서사는상호작용을 한다. 여섯째, 문학치료의 과정은 결국 환자의 서사를 변화시키는 과정이다. 일곱째, 문학작품의 서사가 환자의 서사와 일치도가높으면 환자는 그 작품에 크게 공감할 것이다. 그러나 환자의 서사를 개선할 여지는 상대적으로 줄어들 것이다.

문학치료에서는 방법론으로서 인간의 이야기를 변화시키는 자기서사의 변화를 이야기한다. 첫 번째 단계는 작품서사를 통하여 새로운 경험을 함으로써 자기서사를 보충하는 단계이고, 두 번째 단계는 작품서사를통하여 잠재되어 있던 내면을 자극하여 일깨움으로써 자기서사를 강화하는 단계이며, 셋 번째 단계는 작품서사를 통하여 현실의 세계에서는 감히 엄두도 내지 못하던 금지된 영역을 탐색함으로써 자기서사를 통합하는 단계이다.

문학치료에서 자기서사는 인간관계와 그 인간관계로 인한 문제와 관련된다. 자기서사는 삶을 힘들게 만드는 원인이 되기도 하면서 동시에 삶을 건강하고 씩씩하게 살아갈 수 있게 하는 힘도 가지고 있다. 그렇다면, 자기서사를 통해 한 사람이 인간관계에서 나타내는 경향성과 태도 등을 파악할 수 있다는 것은 어떤 의미가 있는가? 우리는 그러한 경향성이나 태도를 한번 파악하기만 하면 어떠한 문제 상황이 일어나게 된 원인을 진단하거나 앞으로의 일을 예측하는 데 도움을 받을 수 있다. 개인이 겪고 있는 문제가 일어나게 된 배경에는 개인이 가지고 있는 경향성이 깊게 관여할 것이며, 또한 앞으로도 계속 그러한 방식으로 살아간다면 비슷한 문제가 또 발생할 것이라고 볼 수 있다.

✱ 청소년을 위한 문학치료

요즈음 청소년들은 과하게 부여된 학업에 대한 중압감과 부모 및 가족이나 교우관계 등 다양한 인간관계 문제로 인한 심리적 어려움으로 인한 내면의 상처와 갈등으로 인해 어려운 상황에 놓여 있다. 이러한 심리적, 사회적 어려움으로 인해 건강한 자아성장을 이루지 못하고 있는 현실이다. 이러한 자아성장의 문제를 해결하고 긍정적인 자아상을 확립할수 있도록 치료적 접근이 필요한 상황이다.

문학치료적 접근이 청소년에게 매우 적절한 접근으로 볼 수 있는 이유는 다음과 같다. 우선, 일반적인 상담 장면에서 직접적으로 자기 심층 내면의 문제를 들여다보는 접근방식이 청소년기의 심리적 특성과 맞지 않을 수 있다는 것이다. 청소년기에 들어서면 아동기와 달리 자기 속마음을 성인이나 교사에게 직접적으로 드러내는 것을 거부하는 경향이 있다. 특히 부모화된 청소년처럼 겉으로 어른스러워 보이고 책임감이 투철한 경향을 보이는 사례는 더욱 그러한 경향이 두드러진다. 항상 다른 사람을 배려하고 의젓한 모습을 겉으로 유지하려는 경향이 있기 때문이다.

이러한 청소년기의 특성상 청소년의 심층 내면을 들여다보는 데 문학치료는 다음과 같은 점에서 유용하다고 볼 수 있다.

첫째, 문학치료는 청소년의 내면을 비추는 거울의 역할을 하는 문학의 작품서사를 바탕으로 한다. 즉, 청소년의 심리문제를 향한 직접적인 접근이 아니라 문학의 작품서사를 따라 자연스럽게 내담자의 심층 내면을 투사하는 치료적 접근방식이다.

둘째, 문학치료는 내담자가 매우 편하게 심층 내면을 스스로 성찰하게 하는 자발적 치료방식이다. 실제 문학치료를 진행하는 동안 내담자는 자기도 모르게 자신의 심리 내적 문제를 통찰하는 경험을 하게 된다. 문학작품 속 인물의 서사를 이해하고 공감하는 과정에서 자기 고유한 삶의 가치관과 방식을 깨닫게 되고 자기 삶의 문제가 그러한 자기서사로 인한 것임을 스스로 깨닫게 되는 치료이다.

셋째, 청소년기의 자아성장의 발달 과정이 문학의 작품서사와 잘 연결되어 있다. 특히 우리 옛이야기에 담긴 자아성장의 이야기는 청소년의 자아성장 서사와 매우 긴밀하게 연결되어 마치 작품 속 인물의 삶이 자기 문제인 것처럼 내면화하는 데 오랜 시간이 걸리지 않는다.

| 참고자료 |
아동 · 청소년 관련 문학치료 연구 사례

그동안 청소년을 대상으로 하는 문학치료 활동은 초기 청소년기 폭력성의 문학치료적 중재를 위한 시론, 학교폭력 예방을 위한 프로그램, 소아기 우울증 아동을 위한 문학치료적 접근, 아동의 설화 반응 사례연구 등 아동과 청소년을 위한 다양한 문학치료 연구가 이루어졌다.

아동 · 청소년의 폭력 문제에 근원적으로 접근해야 하는 시점에서 문학치료학이 아동 · 청소년 폭력에 대한 보다 근본적인 예방과 치유법을 제공할 수 있다고 보았다. 문학치료를 통하여 아동 · 청소년 서사 능력을 증진시킴으로써 인지 · 정서 발달을 촉진하여 폭력 상황 발생을 근원적으로 해결하는 방안을 제시하였다. 또한, 련하였다. 학교폭력의 문제를 문학치료 관점에서 해결을 시사한 사례연구도 실행되었다. 문학치료학의 서사 개념을 통해 폭력 사건의 발생 원인과 그 해결까지, 그 일련의 과정을 서사로 치환하여 문학치료적 방법으로 학교폭력의 문제를 진단하고 해결을 모색하였다.

설화 〈반쪽이〉의 자녀서사 특성이 지닌 문학치료적 가능성에 착안하여, 〈반쪽이〉의 작품서사를 통해 소아기 우울증 문제를 지닌 아동들을 대상으로 연약한 자기서사를 건강한 자기서사로 변화시키는 문학치료 연구를 실행하기도 하였다. 설화 〈반쪽이〉가 지닌 서사적 특성을 바탕으로 가정의 붕괴로 인해 정서적으로 안정감이 부족하고, 사회에 적응하지 못하며, 자아존중감이 낮은 소아기 우울증 아동들을 건강한 자기서사를 가질 수 있도록 문학치료를 실행하였다.

사회적 배려대상 아동의 문해력 신장을 위한 프로그램을 통해 문학치료적 접근 방법을 시도하였다. 사회에서 소외되고 어려움에 놓인 아동들의 자기서사를 탐색하고 서사 이해 능력을 측정하고 변화 과정을 돕는 문학치료 프로그램을 실행하였다.

이러한 문학치료 연구들은 아동·청소년이 지닌 문제를 문학치료적인 접근을 통하여 해결하고자 시도되었다. 특히 요즘 사회적 문제로 떠오르는 학교폭력의 문제를 해결하기 위한 문학치료적 방안 연구와 실제 문학치료 프로그램을 통한 사례연구가 연계되어 문학치료의 유효성을 입증하였다. 어린 아동이 지닌 심리적 문제를 탐색하고 문학치료적인 치유 방안을 제기하고, 사회적 배려대상 아동을 위한 문해력 신장에 문학치료가 기여할 수 있는 가능성을 탐구한 연구들을 통해 문학치료의 영역을 넓혀 왔다.

이외에도 청소년과 관련된 문학치료 활동은 다양한 주제와 방식으로 진행되고 있다. 선행연구를 통해 동화창작 치료, 자아정체감 향상 프로그램, 통일교육 프로그램, 청소년 자살 예방 프로그램 등 청소년을 위한 다양한 목적에 따라 실행된 것을 확인할 수 있다.

구비설화 〈내 복에 산다〉가 청소년의 심리적·실질적 독립을 도모할 수 있다는 설화분석을 통해 사례연구가 진행되었다. 청소년이 설화 〈내 복에 산다〉를 감상하고, 창작하는 과정에서 부모와 관계의 문제 상황을 확인하고, 독립을 추구할 수 있는 서사를 창작함으로써 〈내 복에 산다〉를 내재화하는 과정을 담고 있다.

또한, 청소년을 위한 통일교육 문학치료 연구도 이루어졌다. 분단사에 대한 청소년의 기억을 재구성하기 위한 통일교육 방안을 제안하였다. 분단구조 속에서 살아가는 우리의 신체와 정신이 분단적 형태로 존재한다고 전제하고, 그로 인하여 왜곡되고 누락되었던 분단 역사에 대한 기억을 보충·통합하는 교육의 필요성을 주장하며 통합서사지도와 창작 활동의 통일교육을 논의했다.

문학치료학적인 관점에서 북한 이탈 청소년의 내면에서 작동하고 있는 자기서사를 구성하여 북한 이탈 청소년이 겪고 있는 문제의 근본적인 원인을 밝히고 구체적인 극복 방안을 모색하기도 하였다. 북한 이탈 주민의 트라우마를 진단하고 그 치유 방안을 모색하기 위해 그들이 겪은 탈북의 과정과 외상의 기억을 구술 조사를 하고, 탈북 청소년들이 간직한 가족의 해체 양상과 치유 방안을 외부 요인보다는 그들의 구술에서 발견하고, 당사자의 자기 치유적 말하기 방식에 주목하고자 하였다.

　청소년 자살과 생명에 관한 문학치료 연구도 이루어졌는데, 설화를 바탕으로 청소년의 생명 존중 의식을 함양하고자 하였다. 죽음과 자살을 소재로 한 구비설화들을 활용하여 청소년들에게 생명지킴이 문학치료 프로그램을 설계하고, 일반 청소년을 생명지킴이로 양성하기 위해 생명 존중 문학치료 프로그램을 실행하였다.

　이렇게 아동·청소년을 위한 문학치료 선행연구들을 검토한 결과, 다양한 주제로 아동·청소년을 위한 문학치료 방안이 실행되고 있고, 문학치료 접근방식의 적절성과 유효성을 입증하고 있다. 지금까지 이루어진 문학치료 실행연구는 질적 사례연구가 많이 이루어졌지만, 장기간에 걸친 변화를 확인하는 연구가 부족해 문학치료의 장기적 효과가 잘 드러나지 않았다. 이 문학치료 연구에서는 장기간에 걸쳐 실행한 질적 사례연구로 문학치료 실행연구의 영역을 넓히고 내용을 다양화하여 문학치료 실행연구가 앞으로 나아갈 방향을 제시하고자 한다.

청소년의 자아성장을 위한

문학치료

2

청소년의
자아성장과 문학치료

- 청소년과 자아성장
- 문학치료와 자아성장
- 청소년의 자아성장을 위한
  문학치료의 지향점

2

청소년의
자아성장과 문학치료

✱ 청소년과 자아성장

1) 청소년의 발달 과제로서 자아성장

청소년기는 발달 단계에서 어린이에서 어른으로 가는 과도기적 특성이 있으며, 심리적, 신체적, 생리적, 인지적 변화를 경험하면서 독립된 개체로서의 위치가 형성되는 중요한 시기로 신체적 변화와 부모로부터의 독립, 성적이나 진로 문제 등으로 인한 정서 · 행동 문제 등을 가지고 있다. 청소년의 자아 발달과 심리상태는 가족관계의 특성과 부모의 양육 태도에 따라 기인하며 어떻게 애착을 형성하고 관계를 맺었는가에 따라 심리적, 사회적 발달이 이루어진다.

청소년들이 자아를 인지하는 데 있어서 자신의 역할을 얼마나 성공적으로 수행하는가에 대한 자기 자신이 받아들이는 평가에 달려 있다고 볼 수 있다. 특히 자아존중감의 발달은 부모-자녀 관계의 양상에 따라 달려 있다고 볼 수 있다. 자녀에 대한 부모의 태도에 따라 청소년의 자아존중감은 좌우된다.

　청소년기는 자신의 신체적 변화와 심리적 역동을 겪으며 사회적 역할 혼란을 겪으며 진정한 자아를 추구하는 시기로서, 이 시기에 올바른 자아개념을 형성하는 것은 청소년기의 중요한 발달 과업이다. 또한, 청소년기는 인지발달이 이루어지면서 '자신만의 진정한 자아'를 찾고자 하는 내적 욕구가 강하다. '성격의 가소성'이 크기 때문에 자아개념의 변화를 시도하기에 가장 적절한 시기라고 할 수 있다.

　청소년들은 청소년기 발달 과업으로서 자아분화, 자존감, 자아효능감, 자아정체감 등을 발달시켜야 한다. 이 발달 과업 중에 자아분화는 부모화된 청소년의 가장 중요한 목표이다. 자아분화는 가족치료에서 치료목표인 동시에 성장목표이다. 자아분화는 자아의 형성을 통해서 이루어진다. 어린 시절 자녀들은 부모 또는 주변의 중요한 사람들과 상호작용을 통해서 자신의 자아를 형성해 나간다. 자아 분화란 자신의 가족으로부터 얼마만큼 자신을 독립시킬 수 있는가 하는 정도를 나타내는 개념이다.

　자아분화의 개념은 보웬의 가족치료 이론에서 핵심적인 개념이다(Bowen, 1978). 보웬은 정신분열증 환자가 자기 어머니에게 강한 애착을 나타내고 있다는 사실을 발견하고 모자-공생이라는 연구가설을 설정하였다. 이 가설은 어머니와 자녀 간의 공생 관계도 어린이가 어머니에게서 분화되지 못하고 정서적 일체감을 이루고 있는 데서 기인한 것으로, 환자의 미해결된 공생적 애착이 나중 정신분열증이 자리 잡게 될 기본적인 성격 문제를 띠게 한다는 것이다. 더 중요한 것은 이러한 정서적 애착이 비단 엄마와 자녀만이 아니라 전 가족을 통해 관계를 특징짓고 있다는 것이다. 분화는 보웬의 이론에서 치료의 목표인 동시에 성장의 목표이다. 자아의 분화란 모자간의 융합에서 어린이가 서서히 벗어나 자기 자신의 정서적 자주성을 향해 나아가는 장기적 과정을 가장 정확하게 기술해 주는 용어이다(김정택, 심혜숙, 1992). 다시 말해서 자아분화는 미분화된 가족자아에서 자신을 분리, 독립시켜 정체감을 형성하고, 자기 충동적, 정서적 사고와 행동에서 자유를 획득해 나가는 과정이며, 개인이 사고와 정서를 분리할 수 있는 능력인 동시에 정서적 성숙과 자기가 태어난 가정으로부터 개성화된 정도를 말한다.

청소년들은 심리적 신체적으로 급격한 성장기의 물결에 자신의 삶을 내맡겨 스스로 자아의 발달 과정에서 일어나는 여러 어려움을 겪게 된다. 그중에서도 자아성장 발달 단계에 따라 어려서 가장 중요한 의미였던 부모에게서 심리적으로 거리를 두고 자신의 자아정체감을 탐색하고 자아존중감을 찾는 성장의 길에 놓이게 된다.

2) 왜 문학치료인가

그동안 청소년들의 자아성장과 발달을 돕기 위한 다양한 논의는 있었지만, 요즈음 청소년들이 겪는 심층 내면의 어려움을 깊이 탐색한 치유적 접근은 드문 편이다. 사회적, 환경적으로 급격한 변화와 빠른 시대적 여건으로 인해 훨씬 다양한 문제를 겪고 있는 청소년들을 도울 수 있는 치유의 손길이 필요한 시점이다. 실제 학교 현장에서 상담 환경은 너무 열악하고 청소년의 심리적 어려움을 적극적으로 해결하지 못하는 실정이다. 이렇게 청소년들의 건강한 자아 발달을 돕고 그들의 심리적 어려움을 스스로 극복해 내는 힘을 얻을 수 있도록 도와야 하는 시점이다.

청소년들이 자기이해 및 심리적인 문제를 깊이 탐색하고 건강한 자아를 형성하도록 돕는 문학치료 프로그램과 같은 질적 프로그램이 유용하다고 할 수 있다. 청소년은 심리적, 정서적으로 급격하게 변화를 겪는 발달 과정에 처해 있다. 이러한 청소년기의 발달 과제인 자아성장을 이루는 데 도움을 주는 문학치료적 치유가 필요하다.

정운채(2007)는 문학치료 프로그램은 작품서사를 분석하고 내담자의 자기서사를 이끌어 내어 작품서사와 자기서사와의 상호작용을 통해 내담자의 내면의 문제를 진단·예측·대처하는 통합적 과정이라고 하였다. 문학치료를 통하여 청소년이 겪고 있는 심리적·정서적 문제를 극복하여 자아성장을 이루어야 하는 발달 과제에 도달할 수 있도록 도와야 한다. 청소년이 왜곡된 가족관계 속에서 겪는 어려움을 극복하고 건강한 자아성장을 이루도록 돕는 문학치료적 방안이 필요하다고 하겠다.

청소년의 건강한 자아성장 발달을 돕는 문학치료적 접근에서 가장 핵심적인 것은 '자기서사의 변화와 성장'이다. 문학치료학에서 치료의 대상은 내담자의 자기서사이며, 치료의 문제는 병리적인 증상을 다루기보다 내담자의 자기서사를 건강하게 변화하도록 돕는 데 초점을 두고 있다. 자기서사는 문학치료학을 고유의 방법론을 가진 학문으로 정립하게 하는 핵심적 개념이며, 이에 대한 자기 이해, 즉 자기서사 알기는 문학치료 프로그램에서 빠질 수 없는 과정이다. 문학치료는 내면의 문학인 자기서사를 교정·보충·개선하는 독자적인 방법론으로 작품서사에 대한 공명 작용을 통해 이루어진다. 청소년의 자아성장을 돕기 위해서도 이와 같은 방법론이 적용될 수 있다. 특히 다음과 같은 점에서 문학치료 접근법의 유효성을 인정할 수 있을 것이다.

첫째, 다양한 환경적 개인적 원인으로 인해 심층 내면의 어려움에 놓여 있는 청소년들은 자기만의 생존 전략을 발달시켜 왔으며, 이미 그 전략이 고착화되어 많은 문제 행동을 일으켜 왔다, 이러한 문제 행동 뒤에 숨은 청소년의 삶의 전략을 일종의 자기서사로 볼 수 있으며, 이를 치료의 대상으로 삼을 수 있다.

둘째, 청소년기의 특성상 자기 표현을 잘 하지 않는데, 문학작품은 간접적으로 자기를 드러내는 매개가 된다. 특히 다양한 문학치료 프로그램은 이들의 자기서사를 거울의 면처럼 드러내며 스스로 성찰하게 하는 효과가 있다. 또한 문학작품에 대한 반응으로서 시 쓰기, 인물에게 편지 쓰기, 랩 가사 쓰기 등과 같은 문학 활동을 통해 억눌린 감정을 표현하고 작품서사에 공명하는 활동을 통해 자기서사를 드러낼 수 있다.

셋째, 작품서사는 청소년의 문제적 자기서사를 교정·보충·개선하는 치유 효과를 발휘한다. 심청이나 바리데기와 같은 작품서사의 서사 주체들이 자아성장을 위해 가는 길을 따르다 보면, 청소년의 자기서사가 교정되고, 자아성장으로 나아가는 건강한 자기서사로 변화하며, 미약하게나마 내면의 힘이 길러지게 된다.

그동안 문학치료학은 심리학이나 서사학, 문학교육과의 접점을 마련하기 위해 노력해 왔으며, 문학치료학을 이론적으로 정리하고 실제 임상심리적 문제를 해결하는 다양한 문학치료적 방안을 개발하는 성과를 거두어 왔다. 또한, 설화를 바탕으로 다양한 심리적 역동을 치유적으로 해결하기 위한 치료적 사례들이 진행되고 있고, 실제 사례 중심의 프로그램 사례들도 속속 발표되고 있다.

❋ 문학치료와 자아성장

문학치료학은 부모화된 청소년의 심리적인 문제를 해결하고 자아성장을 촉진하는 데 많은 도움을 줄 수 있다. 정운채는 치료의 관점에서 문학의 기능을 다음의 두 가지로 보고 있다. 즉, 소극적으로는 심리적인 장애를 증상으로 드러내는 일이고, 적극적으로는 심리적인 장애를 치료하는 일이라고 보았다. 또한 문학작품의 작품서사는 자기서사에 누락된 부분을 보충해 주기도 하고, 미약한 부분을 강화해 주기도 하고, 분열되어 갈등하고 있는 부분을 통합해 주기도 하면서 자기서사의 변화를 유도한다고 할 수 있다.

문학치료적 접근 방식은 직접적인 임상적 심리치료 방식보다 간접적이어서 청소년이 부담스럽지 않게 접근할 수 있고, 문학을 통해 자신의 내면을 스스로 통찰하는 투사적인 방법으로 청소년에게 더 효과적일 수 있다.

문학치료에서 내담자는 이야기 속에 등장하는 인물에게 끊임없이 말을 걸면서 이야기를 읽게 된다. 내담자는 이야기를 접하면서 인물이 직면한 문제적 상황을 자기 문제인 것처럼 인지하게 될 뿐만 아니라, 인물이 겪고 있는 삶의 문제에 공감하며 자기 문제인 것처럼 접하게 된다. 문학치료는 문학작품을 읽고 자기 삶을 문학에 투영하여 자기서사를 드러내고 자기 문제를 이해하고 해결책을 찾아 나가는 치료법이다. '문학은 곧 삶이다.'라는 명제를 바탕으로 내면의 왜곡된 자기서사를 건강한 자기서사로 변화하고 성장하게 하는 치료라고 할 수 있다. 즉, 문학치료를 통해 등장인물과 자신을 동일시하면서 감정의 정화를 느끼고, 자기서사를 이해하는 과정에서 문제해결의 실마리를 찾아 이전과 다른 건강한 자기서사로 바뀌는 변화과정을 겪게 된다.

문학치료적 접근은 자아성장을 통해 발달적 과업을 해결해야 하는 청소년에게 적절한 방안일 수 있다. 특히 청소년의 심리적인 문제와 상태를 이해하는 데 적절한 접근방식이라고 할 수 있다. 문학치료학의 장점은 자기서사라는 개념을 통해 심리적 현상의 심층 원인을 설명할 수 있다는 것이다. 문학치료의 방법론은 상담이나 정신분석의 틀을 통해 소요되는 복잡한 과정과 많은 시간을 줄이면서 자기서사와 관련된 문학 반응으로써 내담자가 가진 핵심 문제에 가 닿을 수 있는 장점이 있다.

문학치료학에서는 유사한 인접 인간관계를 포괄할 수 있는 기본적인 관계에 대해 개체의 일반적인 발달 과정에 해당하는 이름을 붙였을 뿐, 기초 서사를 명실상부한 관계로만 한정한 것은 아니다. 즉, 자녀서사, 남녀서사, 부부서사, 부모서사 등은 '세상'과 '나', '법칙'과 '소망' 중 우세하게 작용하는 항에 따라 규정되는 관계 맺기의 성격과 관계의 구조를 보여 주는 것으로 유사 구조를 지닌 여타의 관계에 적용된다.

기초서사의 구분이 인간관계의 주체를 중심으로 이루어졌다면 여기에 새로운 기준이 추가된다. 즉, 어떤 방식으로 인간관계를 맺어 나가느냐 하는 것이다. 이러한 인간관계의 양상에 따라서 기초서사는 재분류된다. 재분류된 가르기서사, 밀치기서사, 되찾기서사, 감싸기서사 등은 관계 맺기의 양상을 직관적으로 포착한 것만은 아니다. 여기에도 '확신'과 '의혹', '규범'과 '초극'이라는 이원 항이 작용하고 있다. 확신을 가지고 추구하는 경우에는 가르기서사, 의혹을 품고 추구하는 경우에는 밀치기서사, 의혹을 품고 초극하는 경우에는 되찾기서사, 그리고 확신을 가지고 초극하는 경우에는 감싸기서사가 되는 것이다.

문학치료에서는 작품서사에 대한 내담자의 공명 활동으로 인물의 삶을 이해하고 공감하는 다양한 활동이 이루어진다. 작품서사 중 마음속에 깊이 남은 장면이 하나의 거울이 되어 내담자의 자기서사를 드러내게 된다. 내담자는 문학작품 속 인물의 삶을 투사하여 자신의 삶을 성찰하는 문학치료 활동을 하게 된다. 작품서사를 따라가며 자신의 생각과 감정 드러내기, 인물에게 편지 쓰기, 시 쓰기 등 작품서사에 몰입하는 공감 활동이 이루어진다. 그중에서도 작품서사를 자기서사를 바탕으로 다시 쓰는 재구성 활동이 중요하다.

문학치료 프로그램을 통해 청소년은 작품서사에 공명작용을 하면서 자기서사를 표출하게 될 것이다. 문학치료 프로그램을 통해 청소년의 특별한 자기서사의 특성을 탐색하고, 자기서사가 문학치료 프로그램을 통해 어떻게 변화하는지 그 변화 양상을 살펴보고, 문학치료의 치유적 효용성을 드러낼 수 있을 것이다.

자기서사가 설화를 듣고 읽고 기억하며 이해하는 과정에 개입하여 설화의 작품서사를 변형시킴으로써 각 편이 만들어지게 된다는 가설을 인정한다면 문학치료 임상 현장에서 행해지는 설화의 다시 쓰기는 이러한 현상을 의도적으로 유도하여 또 다른 각 편을 만들어 내는 방법이라고 할 수 있다. 다시 쓰기는 문학치료 프로그램에서 내담자가 마음에 드는 방향으로 원하는 대로 이야기를 변형하여 다시 써 보도록 하는 활동 방법이다. 여기서 마음에 드는 것으로의 이야기 변형은 곧 내담자의 자기서사에 의해 결정되는 것으로 생각된다. 따라서 문학치료 프로그램 내담자가 다시 쓰기를 통해 만들어 낸 이야기들이 기존 설화의 각 편들과 가지는 자기서사와의 상관성이 드러난다면 설화의 각 편과 자기서사의 관련성을 말할 수 있을 것으로 생각된다. 브루노 베텔하임(Bettelheim, 1975)은 옛이야기는 상징을 사용하여 아동이 자신의 심리적 발달 상태에 맞게 이야기를 선택하고, 배제하고, 해석하게 한다고 보았다.

문학치료 프로그램 중에 실행되는 다시 쓰기 활동에서 내담자들이 옛이야기를 새롭게 써 보는 활동을 통해 자기서사를 드러내고 그러한 다시 쓰기 활동에 드러난 자기서사를 스스로 탐색하는 문학치료 경험을 하게 된다. 다시 쓰기 활동은 청소년이 작품서사를 통해 자기 내면을 투사적으로 표현하는 활동이다. 또한 문학치료 프로그램을 통해 변화하는 자기서사 양상을 상징적으로 표현하고 스스로 자아변화를 인식하는 문학치료 경험을 하게 된다.

✱ 청소년의 자아성장을 위한 문학치료의 지향점

문학치료 프로그램은 문학치료 활동을 통하여 내담자의 자기서사를 분석하고 내담자의 자아성장을 촉진하고자 한다. 청소년의 여러 가지 심리적 문제를 찾기보다 그러한 문제를 극복하는 데 도움을 주는 문학치료적 방안이 필요하다. 청소년의 자아성장을 돕는 문학치료의 지향점은 다음과 같다.

첫째, 청소년기의 발달 과제인 자아성장을 이루기 위해 온전한 '나'를 찾는 과정을 지향한다. 부모에게 의존하던 자아에서 벗어나 자신만의 진정한 '나'로 태어나는 정체성 확립을 돕는 치유법이다.

청소년의 자아성장을 향한 첫걸음은 '나를 찾아 떠나는 여정'으로 시작된다. 문학치료 프로그램을 통해 청소년은 진정한 자기 자신을 만나는 경험을 하게 된다. 자신의 삶에 대한 객관적 통찰로서 실존적 고민으로 '나는 무엇을 하는 존재인가?'에 대한 물음을 던지면서 자아성장의 첫걸음을 딛게 된다. 문학치료 프로그램은 결국 진정한 나를 찾기 위한 여정으로 시작하며, 그 여정의 끝에서 참자기와 마주하게 된다.

둘째, 청소년의 발달 단계에 맞추어 자아성장을 촉진하는 문학치료 활동을 기획한다. 문학치료 프로그램은 급격한 자아변화가 시작되는 초기 청소년기의 발달 과정에 맞게 자아를 탐색하는 과정으로 시작하여 자아

성장의 변화를 이루는 후기 청소년기에 이르는 과정을 따라 단계별로 설계하면 훨씬 더 효과적이다. 문학치료 프로그램은 자아성장이 어느 한 시기에 완전히 이루기 어려우므로 청소년기의 성장과 발달을 따라가면서 단계적으로 기획된다. 초기 청소년기 문학치료 프로그램은 청소년의 자기서사를 탐색함으로써 자기 삶을 통찰하고 새로운 삶으로 변화하고자 하는 인식의 전환을 목표로 한다. 후기 청소년기 문학치료 프로그램은 자아성장과 변화를 촉진하는 치유적 방식으로 진행되는 것이 바람직하다.

셋째, 청소년기의 발달 목표에 맞추어 긍정적인 자아성장을 획득할 수 있도록 지원하는 데 초점을 둔다. 특히 청소년기에는 자아개념을 변화시킬 수 있는 가소성이 가장 좋은 시기이므로 문학치료 프로그램의 전개 과정과 매우 적절하다고 볼 수 있다. 왜곡된 자아개념을 가지고 있는 청소년이 인지의 발달과 더불어 자신만의 진정한 자아를 찾으려는 심리 내적 욕구와 반응할 수 있기 때문이다. 이러한 청소년기에 문학치료를 경험한다면 자아개념의 변화를 촉진할 수 있을 것이다. 긍정적인 자아개념의 확립이야말로 청소년기의 발달 목표라고 할 수 있다. 문학치료 프로그램을 통하여 작품서사를 통한 자기서사를 발현하고 자기 자신을 성찰하는 계기가 된다.

이에 문학치료 프로그램은 청소년의 발달 단계에 맞추어 자신이 어떠한 삶을 살고 있는지 통찰하고 자신을 객관화하여 자기 이해와 자아성장을 돕고 왜곡된 가족관계 속에서 잘못 형성된 가족 체계를 성찰하게 한다. 그 속에서 긍정적이고 현실적인 자아성장을 이루어 나가게 된다. 특히 자아개념이 형성되는 중요한 시기인 청소년기의 발달 목표에 맞추어 청소년이 긍정적인 자아상을 갖추어 자기 삶의 문제에 긍정적으로 대응하는 심리적인 힘을 기를 수 있도록 돕는다.

| 참고자료 |
문학치료 프로그램 상담 사례

문학치료 프로그램을 마무리하는 마지막 시간에는 서로 소감을 나누는 시간을 가진다. 처음 문학치료 프로그램을 시작하면서 가졌던 생각과 현재 마무리하는 시점에서 각자 느끼는 감정과 생각을 이야기하는 활동을 한다. 활동지에 자신이 처음에 가졌던 생각과 활동 이후에 달라진 생각을 적어 보고, 돌아가면서 이야기를 나누고 내담자들이 서로 피드백을 해 주는 활동을 전개한다.

집단상담

상담자: 「심청전」 이야기 중 가장 기억에 남는 부분이 어느 장면이었는지 이야기를 해 보세요.

내담자 1: 심청이가 배에서 뛰어내리는 장면이 너무 울컥했어요.

내담자 2: 인당수에 몸을 담그는 장면이다. 그냥 떠올랐다. 울컥해요.

내담자 3: 심봉사가 물에 빠질 때 왜 안 죽었을까 해서……. 그냥 그대로 꼴까닥 하는 게 더 이득이지 않을까 하는 생각이 들었어요. 그…… 다음으로는 심청이가 배에서 떨어질 때 죽을까 봐 심청이가 진짜로 죽었을까 해서…….

내담자 4: 심청이가 왕비가 될 때가 가장 기억에 남아요. 왜냐하면 가장 마음에 들었고 제일 극적인 장면이어서…….

상담자: 자신과 심청을 비교한다면 어떤 점이 비슷한지 아니면 다른지 이야기해 보세요.

내담자 1: 심청이는 착신한 아이예요. 나와 비슷하다고 생각이 들어요. 가족 중에 할머니가 가장 걱정됩니다. 매우 예민하시고 걱정을 속으로 삼키는 성격이에요.

내담자 2: 심청과 나는 비슷한 듯 다르다고 느꼈어요. 가족관계는 비슷하지만 나는 심청처럼 몸을 담글 정도는 아니에요.

내담자 3: 심청이는 고생하지만 저는 아닌 것 같아요. 그리고 심봉사는 멍청하고 우리 아빠(저 새끼)도 멍청하다고 봅니다. 심청이는 나와 다르지만, 심청 주위의 인간이 내 주변의 인물과 좀 닮았다고 느꼈어요.

내담자 4: 나는 아빠에 대한 책임감이 없는데 심청이는 책임감이 크다는 것이 달라요. 가족 중 저한테 제일 힘든 사람은 동생이에요. 너무 이기적이고 나한테 맨날 시비를 걸어요.

상담자: 가족 중 가장 싫거나 부담스러운 사람은 누구인지, 이유는 무엇인지도 생각해 봅시다.

내담자 1: 아빠요. 그리고 친할머니예요. 아빠는 '나 너를 사랑하는 거 알지?'라고 하는데 매우 싫습니다. 친할머니는 그냥 다 싫습니다.

내담자 2: 가장 걱정이 되는 사람은 오빠예요. 할머니와 할아버지도 걱정입니다. 가장 싫은 사람은 없습니다.

내담자 3: 아오! 밤마다 소리를 질러서 잠을 잘 수가 없어! 그 새끼!(오빠와 남동생)

내담자4: 아빠요. 왜냐하면 고민을 이야기하면 항상 교과서적인 해답(너무나도 객관적인)을 말해 주고 끝도 없이 이야기가 길어질 가능성이 있어서요.

상담자: 「심청전」을 깊이 읽고 이야기를 나누는 문학치료 수업을 통해 얻은 것은 무엇인가요?

내담자 1: 엄마가 답답한데 나도 엄마처럼 될 것 같아요. 무조건 사람을 돕거나 미워하면 안 된다는 생각이 들었어요. 이 시간은 내 진심이 뭔가 제대로 알 수 있어서 좋습니다.

내담자 2: 꼭 부모의 말이 진리는 아니라는 생각이 들었습니다. 「심청전」을 읽고 나의 삶에 비교해 보기도 하고 직접 인물이 되어 보기도 하고 책을 읽으며 내 삶과 비교해 보니 인물의 마음을 헤아리기 쉬워졌어요.

내담자 3: 제 가족에 대한 심리상태를 알게 되었어요. 나의 삶은 스트레스!

내담자 4: 마음속에 있던 이야기를 듣고 나도 하니까 조금 기분이 좋아진 것 같아요. 일주일 동안 살아온 이야기를 듣는 것이 보통 사람들한 테 하진 못하는데 여기서는 하니까 가장 기다려집니다.

내담자 1은 집단상담을 마무리하는 시간에 가장 기억에 남는 장면으로 심청이 희생하는 장면을 떠올렸다. 그리고 심청을 자기와 비슷한 인물이라고 하면서 한심하다고 반응했다. 문학치료 프로그램을 통해 얻은 것은 자신이 엄마처럼 무책임한 사람이 될 것 같다는 걱정을 했다. 그리고 무조건 사람을 돕거나 미워하면 안 된다는 생각이 들었다고 했는데, 자기 내면에 부모화된 자아에 대해 인식하게 되었음을 드러낸다. 이 문학치료 시간을 통해 자신의 진심을 알 수 있는 시간이 되었다고 이야기했다.

내담자 2는 「심청전」을 마무리하면서 가장 울컥했던 장면으로 심청이 인당수에 몸을 던지는 장면을 꼽았다. 이번 초기 문학치료 상담을 통해 자신이 얻은 것은 꼭 부모의 말이 진리는 아니라는 사실을 깨달았다는 것이다. 그동안 너무 당연시해 오던 부모에 대한 책임감과 거리에 대해 새롭게 인식하기 시작한 것이다. 자신이 직접 심청이 되어 보기도 하고 자기 삶과 비교해 보면서 많은 것을 깨달았다고 한다.

내담자 3은 소감 나누기 시간을 통해 가장 기억에 남는 장면으로 심봉사가 물에 빠지는 장면이라고 이야기했다. 아빠에 대한 원망과 미움을 드러내었다. 이 문학치료 상담을 통해서 얻은 것은 자기 가족에 대한 심리상태이며 가족을 새롭게 인식하는 단계로 들어섰다. 내담자는 다른 내담자들과 함께 가족에 대한 고민을 털어놓으면서 서로 공감하고 연민하는 시간을 통해 내면을 성찰하는 경험을 했다. 자기감정을 솔직하게 쏟아 놓는 집단상담 시간이 기다려진다고 했다.

내담자 4는 초기 문학치료 프로그램 시작에서 자신을 개방하는 것을 너무 힘들어했다. 초기 문학치료 프로그램에서 가족 중 아빠에 대해 불편함을 표현하면서 조금씩 마음을 열어 보였다. 특히 집단상담 장면에서 다른 내담자들이 진솔하게 자기 가족에 대한 원망과 미움을 쏟아내는 것을 보고 공감하면서 서서히 자기 삶을 개방하였다.

내담자 4는 심청이 아버지를 위해 자신을 희생한 부분이 마음에 들지 않았다고 이야기했다. 자신은 아빠에 대한 책임감이 없는데 심청은 아빠를 챙겨서 자신과 다르다는 것이다. 아빠에 대한 자신의 마음을 문학치료 활동을 통해 털어놓아서 기분이 좋아진다고 소감을 이야기하면서 점차 자기 마음을 개방하였다.

심층상담

내담자: 저는 늘 아버지에게 훈계를 들으며 살았어요. '죄를 지으면 안 되고 바르게 살아야 한다.' 아버지가 완벽주의세요. 항상 훈화를 많이 하세요. 웃으면서 말씀하시긴 하는데 꼭 지켜야 하는 게 있어요. 아버지 어머니 앞에서 긴장하게 돼요.

내담자는 개척교회 목사인 아버지로 인해 항상 바르게 살아야 한다고 훈계를 들었다. 특히 기독교적 가치관을 강요하는 편인데, 죄를 짓지 말고 바르게 살아야 한다며 어릴 때부터 야단을 많이 맞았다고 한다. 그래서 내담자는 항상 긴장되어 있고 다른 사람과 소통할 때마다 불안도가 높다.

3

부모화된 청소년과
자아성장

- 부모화란 무엇인가
- 부모화된 청소년의 특성
- 부모화로 인한 심리적 문제
- 부모화된 청소년의 자아성장을 위한 길 찾기

부모화된 청소년과
자아성장

❀ 부모화란 무엇인가

　가족관계에서 자녀가 과도하게 부모의 책임을 떠맡고, 물리적·정서적으로 자녀가 부모의 역할을 감당하는 현상을 '부모화(parentification) 현상'이라고 부른다. 부모화는 가족을 위해서 집안일을 하거나 형제를 보살피고 부모의 고충이나 고민을 공유하면서 자신의 발달 단계를 능가하는 역할을 감당하는 행동양식이다. 그래서 자신의 욕구보다 가족의 필요와 기대에 먼저 반응하면서 과도한 책임을 떠맡게 된다. 요즘 우리 사회에서 한부모 가족, 다문화 가족, 맞벌이 가족과 같은 가족 속에서 성장하는 청소년 중에 부모화 경험을 하는 사례가 있다.

　일반적으로 부모화 경험은 유르코비치(Jurkovic)의 분류에 따라 물리적 부모화, 정서적 부모화, 불공평으로 구분된다. '물리적 부모화'는 청소, 시장 보기, 병든 가족 간호하기, 가족을 위해 음식 만들기 등 가족이 물리적으로 유지되기 위해 필요한 일에 대해 책임을 맡도록 강요받는 것을 말한다. '정서적 부모화'는 가족의 정서적 안정을 돕기 위한 행동으

로 가족 내 갈등 중재, 위로하기, 지지하기 등을 포함하며, 자기 감정보
다는 가족 구성원의 기분에 맞춰 가며 가족의 정서적 요구를 충족시켜
주려고 애쓰는 상태를 말한다. 그런데 이 물리적 부모화와 정서적 부모
화의 차이가 뚜렷하게 드러나는 것은 아니고 두 가지 모두를 수행하는
경우가 많다. '불공평'은 자신과 가족 구성원을 보살피는 행동에서 다른
가족과의 불공평함의 정도를 의미하는 것이다. 유순화(2005)에 따르면,
강박적으로 가족 구성원을 보살피는 행동에만 몰두할 때, 자기 욕구를
스스로 소외시키는 결과를 초래하는 현상이 일어나고, 같은 부모화 경
험을 가진 청소년이라 하더라도 가족을 건강하게 지각하는 경우에 부모
화 경험의 효과가 긍정적으로 나타나고, 가족을 건강하지 않게 지각하
는 경우에는 부정적인 결과로 나타났다.

이러한 부모화 경험은 자녀가 정서적인 보살핌을 부모에게 주거나 그
럴 의무가 있다고 느낄 때 일어난다. 한편, 부모가 자녀에게서 위안이나
정서적 지지를 찾을 때도 발생한다. 가족이 하나의 공동체라는 점에서
각기 맡은 역할이 있는데, 그 안에 역할이 제 기능을 다 하지 못하는 경
우가 있다. 특히 발달 단계상 어린 나이에 감당하기 힘든 역할을 감당해
야 하는 부모화 경험을 한다면 가족을 건강하지 않게 지각하는 결과로
나타날 수 있다.

부모화의 경험적 과정은 다음의 세 가지로 나누어 볼 수 있디.

첫째, 공공연하게 부모의 역할을 아동이 대신하는 것이다. 부모화 경
험에서 아동은 동생의 부모나 가족의 보호자가 되는 부모 역할을 하는
것뿐 아니라 부모의 동료이자 배우자 역할도 도맡고 있다. 이는 물리적
부모화에 대응되는 경험적 과정이라 할 수 있다.

둘째, 부모화 경험을 하는 아동은 대체로 '구속되고 억압된 나'를 내면

적으로 경험하게 된다. 자신의 욕구보다는 가족의 욕구를 우선하면서 생활하게 된다. 그리고 착한 아이가 되어야 한다는 강요에 따라 자신을 착한 이미지로, 밖으로는 거짓 자아를 표상한다.

셋째, 부모화를 경험하는 이들은 유난히 다른 가족 구성원에 대해 불공평과 부당함을 느낀다. 자기에게만 유독 가족의 욕구를 우선시해야 한다는 부당한 요구에 순응해야 하는 현실에 하고픈 대로 하는 형제자매를 부러워하기도 한다. 자신과는 달리 독립적인 삶을 살아가는 자유로운 사람들을 부러워한다.

이러한 부모화를 경험하게 되는 이유는 부모화된 자녀가 놓인 특별한 가족 체계와 상황 때문이다. 결손가정이나 부모가 정상적인 돌봄을 수행하지 못하는 환경에 놓인 자녀가 이에 해당한다. 그러한 상황에 놓인 부모화된 자녀는 자기 욕구를 억압하고 항상 가족을 위해 자신을 희생한다. 거짓 자아는 부모화된 자녀가 '참자기(true self)'를 희생하면서까지 부모의 욕구에 자신을 맞추게 되고 타인지향적이고 과순응적인 자기(self)를 만든다는 의미이다. 자기 욕구보다 가족의 욕구를 우선하고 강요된 이미지대로 '나'를 표상하는 것을 말한다.

✿ 부모화된 청소년의 특성

사람은 어려서부터 가족 안에서 자아를 형성하고 성장해 간다. 이 과정에서 청소년기는 가족관계 속에서 자신의 위치를 객관적으로 성찰하고 진정한 자기 자신이 되는 자아성장의 발달 과업을 이루어야 하는 시기이다. 이 시기의 부모는 청소년의 심리적·정서적 발달 과정에 가장 막대한 영향을 끼치는 존재이다. 따라서 청소년의 자아성장은 가족 체계의 가장 기본적인 요소인 부모와의 관계를 건강하게 형성하여 가족의 관계 속에서 진정한 '자기되기'를 이루는 것이다.

요즈음 가족의 형태는 매우 다양화되고 부모-자녀 관계가 복잡한 양상을 띠고 있다. 최근 전통적으로 부모-자녀 관계가 밀착된 한국 사회에서 어린 시절 양육환경의 문제로 인하여 심리적·정서적으로 어려움을 겪는 청소년들의 문제가 주목받고 있다.

어린 시절 부모와 안정적인 애착을 형성하지 못하고 '부모화' 경험을 하는 아동과 청소년의 사례가 나타나고 있어 사회적 우려의 대상이 되고 있다. 부모화된 청소년은 가정에서 늘 과도한 책임감에 시달리며 의젓한 아이로 부모를 돌보고, 친구 관계나 학교 교사와의 관계에서도 다른 사람을 배려하고 자신의 욕구보다는 타인의 욕구에 맞추어 생활하는 모범생의 모습으로 살아간다. 이들은 어릴 때부터 자신의 욕구를 외면하고 타인이 원하는 대로 자신을 맞추어 나가면서 겉으로는 의젓하고 바른 모습을 보이지만, 심리적으로는 불안하고 강박적으로 자신을 희생하는 심리적·정서적 문제를 지니게 된다.

발달적 측면에서 보면, 부모화된 청소년이 정서적·행동적으로 자기발달 단계에 필요한 요구와 행동을 억제하게 되면 성장기에 필요한 대인관계, 자아존중감, 올바른 가치관을 갖는 데 걸림돌이 될 수 있다. 즉, 부모화 역할을 너무 어린 나이에 하게 되면 이후 성인기 대인관계에서 타인을 강박적으로 보살피는 행동을 할 수 있으며, 부모화 경험으로 인한 여러 가지 병리적 현상이 나타날 수 있으며, 완벽주의, 수치심, 자기애적 성격, 불필요한 걱정 등 심리적 문제를 가질 수 있다.

이들은 겉으로는 대단히 유순하고 모범적인 학생으로 문제가 없어 보이지만 개인 상담 장면에서 이들이 집안에서 부모 역할을 대신해 집안 일을 도맡고 가족을 책임지며 돌보는 부모화된 사례에 해당한다는 사실을 발견하게 된다. 이러한 특성이 있는 부모화된 청소년은 항상 다른 사람을 배려하고 나이에 비해 성숙한 태도를 지니거나 겉으로 의젓한 태도를 보일 수 있다. 일반적으로 이들에게 특별한 관심을 가지지 않고 지나치기 쉬우며, 오히려 이들을 대견하다고 칭찬하기 때문에 부모화 경험으로 인한 문제를 더욱 강화하게 된다. 만약 부모화 경험으로 인한 심리적 · 정서적 문제들을 그냥 무관심하게 지나친다면 성인기에 우울증 등 심각한 정신적 문제를 지닐 수 있다.

✳️부모화로 인한 심리적 문제

부모화에 관한 다양한 연구가 행해졌는데, 부모화된 자녀는 겉으로는 매우 의젓하고 바람직한 삶의 태도를 보이지만 내적으로는 많은 심리적 문제들을 가지고 있다는 결론이 도출되었다(유순화, 2005, 2010). 그리고 부모화 경험으로 인한 심리적 문제를 다룬 연구들이 행해졌는데, 부모화된 자녀는 적응에 있어서 병리적인 어려움을 겪고 있다는 결과가 나왔으며, 이것은 역할 전이로 인한 문제임이 드러났다(조은영, 2004a, 2004b, 2005; 조은영, 정태연, 2004, 2005). 즉, 부모화 역할로 인한 심리적 문제가 자녀의 정서적 · 신체적 문제를 유발하며, 이 외에도 부모화된 자녀는 성장 발달 과정에서 자아정체감 형성에 문제가 생기고 패배주의적인 성격 특질을 형성하며, 과잉통제의 경향을 보이고, 다른 사람과의 관계에서 부적절하게 돌보는 역할을 떠맡을 수 있다는 문제점이 나타났다.

이렇게 부모화로 인해 발생하는 심리적 문제를 살펴보면 다음과 같다.

첫째, 부적응적 정서 조절 및 정서 표현을 할 수 있다. 부모화된 자녀는 가족 내에서 좋은 관계를 유지하기 위해 자기 욕구나 감정보다는 가족에게 지나치게 배려를 하게 되고 불공정함을 경험한다고 해도 제대로 표현하지 못한 채 오히려 억압하거나 회피할 가능성이 높다.

둘째, 부정적 자기개념을 가질 수 있다. 부모화 경험을 하는 경우 자기 자신을 부정적으로 인식한다. 자기개념은 어려서부터 부모-자녀 관계의 영향을 받아 이루어지는데, 태어나 일차적 관계를 맺는 대상인 부모를 통해 영향을 받는다. 일반적으로 부모의 양육이 합리적 · 자율적 · 애정적이라고 자녀가 지각할수록 자기 자신을 그대로 수용하게 된다. 부모화 메타분석 연구에 따르면, 부모화의 세 가지 요인 중 불공평과 정서적 부모화가 물리적 부모화에 비해 더 부정적인 영향을 미치고 있다는 결과가 나타났다(석미정 2016; 성유선, 이소연, 2020). 불공평과 정서적 부모화는 부정적 자기개념을 유발하여 지나치게 과도하거나 부정적으로 자신에 대한 생각 · 인식 · 평가를 하게 될 수 있다.

셋째, '부정정서 경험'을 할 수 있다. 부모화와 자녀의 사회정서 발달 변인 간의 상관관계 효과 크기를 체계적으로 종합한 메타분석 연구에 따르면, 부모화가 부정적인 사회성 발달 변인과의 관련이 유의미하게 나타났으며, 부정적 변인으로 수치심, 내현적 자기애, 정서문제, 성인 불안애착, 완벽주의, 정서 표현 양가성, 대인관계 문제, 정서 소진 등 순으로 나타났다. 부정정서 경험은 부모화 경험 중 불공평 경험을 많이 할수록 불신, 분노, 소외감 등의 부정적 정서를 느끼고 타인과의 관계에서 정서적 어려움을 겪을 수 있다고 한다. 부모화된 청소년은 부모와 같은 역할을 하면서 불공평함을 느끼고 경험하게 된다. 그런데 부모를 배려하고 보살피는 행동은 우리 문화에서는 '효'로 간주되기 때문에 자기 희생이나 헌신을 부정적으로 인식하지 못하기도 한다. 하지만 내면에서는 욕구 좌절 등에 대한 갈등으로 양가감정을 느낄 수 있다. 부모화된 청소년은 종종 부모에 대한 연민의 감정을 느끼면서 자신이 부정적인 감정을 인식하고 표현했다는 것만으로도 죄책감을 가질 수 있다. 따라서 상담자는 이들의 정서를 민감하게 알아차리고 그 상황을 온전히 수용하는 자세를 가져야 하며, 부모에 대한 부정적인 감정이 있다면 이를 인식하고 표현할 수 있도록 도와주어야 한다.

넷째, 대인관계 문제를 들 수 있다. 대인관계 문제는 대인관계 속에서 타인을 통제하려 하거나 타인과 상호작용 자체를 회피하는 경향이 있으면서도 자기 욕구는 표현하지 못하면서 오히려 타인의 욕구를 충족시키는 것에 지나친 책임감을 느끼는 등 타인과의 상호작용에 어려움을 겪는 것을 의미한다. 부모화는 이러한 대인관계 문제와 밀접하게 연관되어 있다. 특히 부모화 경험을 하는 경우 어려서부터 부모와의 애착이 잘 형성되어 있지 못하거나 부모로부터 소외감을 느끼는 경우 타인과의 관계 형성에 어려움을 겪게 된다고 한다. 특히 불공평이 대인관계 문제에 많은 영향을 끼친다. 부모화된 청소년의 경우 자기 자신을 도외시하고 가족을 돌보며 형제자매 또는 부모의 물리적·정서적 요구와 필요를 강박적으로 보살피기 때문에 대인관계 속에서 자기 내적 욕구를 도외시할 수 있다. 따라서 다른 사람의 욕구를 지나치게 의식하게 되고, 다른 사람의 요구를 거절하지 못하고, 혹은 도리어 다른 사람을 지나치게 조정·통제하는 경향을 보일 수 있다.

지금까지 부모화로 인해 발생하는 심리적 문제에 대한 논의를 살펴보았다. 부모화로 인해 부적응적 정서 표현과 부정적 자기개념, 부정정서 경험, 대인관계 문제 등 여러 가지 심리적 문제가 발현될 수 있다. 이러한 부모화로 인한 문제들을 극복하기 위해서 부모화된 청소년에게 건강한 자아성장이 필요한 실정이다.

✽부모화된 청소년의 자아성장을 위한 길 찾기

청소년기는 발달 단계에서 아동에서 성인으로 가는 과도기적 특성이 있으며, 심리적 · 신체적 · 생리적 · 인지적 변화를 경험하면서 독립된 개체로서의 위치가 형성되는 중요한 시기로서 신체적 변화와 부모로부터의 독립, 성적이나 진로 문제 등으로 인한 정서 · 행동 문제 등을 가지고 있다. 이러한 청소년기의 발달 목표와 자아성장의 관계를 살펴보면 다음과 같다.

첫째, 청소년기는 과도적 시기로서 특히 부모로부터 점차 벗어나 독립된 개체로서 정체성을 갖는 시기이다. 청소년기는 신체적 변화와 심리적 역동을 겪으며, 사회적 역할 혼란을 겪으며 진정한 자아를 추구하는 시기이다. 청소년기에 올바른 자아개념을 형성하는 것은 중요한 발달 과업이다. 또한, 청소년기는 인지발달이 이루어지면서 '자신만의 진정한 자아'를 찾고자 하는 내적 욕구가 강하다. '성격의 가소성'이 크기 때문에 자아개념의 변화를 시도하기에 가장 적절한 시기라고 할 수 있다.

둘째, 청소년기에 야기될 수 있는 문제로는 급격한 신체적 변화, 부모로부터 건강한 독립을 꿈꾸지만, 현실적으로는 불가능한 상황에서 오는 갈등, 부모로부터 심리적 독립과 자아실현을 위해 필요하다고 여겨지는 성적, 진로 문제에 대한 압박 등이 있다. 부모화된 청소년은 가족 체계의 불안을 해결하기 위해 자기 개별화 욕구를 도외시한 채 가족 체계의 안정을 추구하기 위해 부단히 노력했을 것이다. 그러한 노력은 결국 낮은 자아성장 수준을 형성하게 했을 것으로 예측할 수 있다. 조은영 (2004)은 부모화된 자녀의 가족관계 특성에 대한 질적 연구를 통해 부모화된 청소년은 낮은 자아성장 수준으로 인해 가족과 자신을 분리하는 것이 어려울 것이라고 분석한다. 부모화된 청소년은 역전된 부모와의 관계로 인해 부모에게 돌봄을 받기보다는 오히려 부모를 돌보는 역할을 수행한 경우이다. 따라서 부모화된 청소년의 자아가 건강하게 형성되기 어려울 것이라고 보았다.

셋째, 부모화 문제를 극복하는 내면적 힘은 바로 자아존중감이다. 즉, 자신과 자기 판단력에 대한 믿음을 바탕으로 미래를 기획하거나 진로를 위한 선택을 하는 능력이라고 할 수 있다. 이러한 자아존중감은 부모의 태도에 따라 달리 형성될 수 있다. 청소년이 자아를 인지하는 데 있어서 자기 역할을 얼마나 성공적으로 수행하는가에 대해 자기 자신이 받아들이는 평가에 달려 있다고 볼 수 있다. 특히 자아존중감의 발달은 부모-자녀 관계의 양상에 따라 달려 있다고 볼 수 있다. 즉, 자녀에 대한 부모의 태도에 따라 청소년의 자아존중감이 좌우된다. 과연 부모화된 청소년이 부모 역할을 하면서 스스로 자아존중감을 높일 수 있을까? 이들은 진정한 자아존중감을 바탕으로 한 자아성장, 즉 부모로부터 자아가 독립하여 건강하게 성장하는 발달을 이룰 수 있다. 청소년은 부모와의 개별-분리화나 자율성을 발달시켜 건강한 독립을 이루어야 하는데, 부모화된 청소년은 가족과 분리되지 못하고 융합되어 있어서 건강한 자아성장을 이루기 어려울 수 있다.

청소년은 청소년기 발달 과업으로서 자존감, 자아효능감, 자아정체감 등을 발달시켜야 한다. 이러한 자아성장은 부모화된 청소년의 가장 중요한 목표이다. 부모화된 청소년이 가족으로부터 독립하여 건강한 자아성장을 이루는 것이 가장 중요한 문제임을 인식해야 한다. 부모화된 청소년은 문학치료 프로그램을 통해 그동안 자신이 가족관계 속에서 지나치게 책임감을 느끼고 본인의 욕구를 억압해 왔음을 성찰하게 된다. 그리고 지금까지와는 다른 방식으로 가족과의 관계를 맺고 자기 욕구와 의견을 가족에게 건강한 방식으로 전달해야 할 필요성을 느끼게 된다. 그동안 돌보지 않았던 자기 자신의 감정과 욕구를 들여다보게 되고 원가족으로부터 독립하여 건강한 자아성장을 시작하는 토대를 마련하게 된다.

| 참고자료 |
부모화된 청소년 상담 사례

상담자: 너의 가장 큰 문제는 뭐라고 생각하니?

내담자: 무기력하고, 도전하면 힘들 것 같고, 나는 좀 가치가 없는 사람 같아요. 그냥 아무것도 아닌 나!

상담자: 너의 '사람 그림'에서 누워 있는 모습을 그린 이유는 무엇일까?

내담자: '아무것도 하고 싶지 않다'가 70%, '편안하다'가 30%라고 할 수 있어요. 요즘 뭘 해도 안 될 것 같아서 공부도 안 하고 있어요.

상담자: 왜 그렇게 되었을까?

내담자: 엄마가 식당에서 돈 없으면 일해야 한다고 말했어요. 아마 여섯, 일곱 살일 때였어요. 그런데 갈 때마다 그래서 그게 뻥이라는 걸 알았어요. 엄마가 일을 시켰어요. 딸이라고 저한테 일을 더 시켰어요. 차별이 심했어요.

상담자: 요즘의 너는 어때?

내담자: 나는 아무것도 안 하는 존재라고 말할 수 있어요. 그냥 가정 상황도 그렇고 지금은 좀 괜찮지만 언제 터질지 모르고……. 그리고 학교에서도 처음에는 좋았는데 공부에 대한 압박이 심해서 그냥 체념했어요.

상담자: 네 그림을 보니 너무 체념하고 있다는 게 느껴져서, 혹시 전학 갈 생각은 없니?

내담자: 친구랑 같이 있고 싶어서, 공부는 원래 생각하지 않고 갔어요. 학교는 괜찮은데……. 그럼 아무것도 하고 싶지 않아요. 그냥 무기력한 것 같아요.

내담자는 자기 어린 기억을 떠올렸다. 엄마가 돈 없으면 일해야 한다고 여섯 살 때 들었는데 그렇게 해야 하는 줄 알고 일했다고 한다. 특히 엄마가 딸이라고 자신에게 일을 계속 시켰다고 했다. 그래서 지금은 너무 편하다고 하고 아무것도 안 하고 싶어 한다. 이제 열일곱 살인 그녀에게 지난 어린 시절은 너무 힘들고 가혹한 시간이다.

상담자: 너에게 가장 소중한 존재는 누구니?

내담자: 저에게 가족은 필요할 때만 필요한 존재예요. 집, 밥, 돈 그것만……. 위로, 이런 건 원하지도 않고 기대하지도 않아요. 아무 일도 없었던 것 같은데……. 나 혼자 체념한 느낌이에요. 어릴 때 상처를 너무 깊이 받았나 봐요. 나는 아무것도 할 수 없는 존재? 나의 힘듦을 알아주는 가족이 아무도 없어요. 가족이 다 싫어요.

상담자: 그런 상처를 어떻게 극복할 수 있을까? 누가 극복하게 해 줄까?

내담자: 나인 것 같아요. 나를 성장시킨 존재는 친구예요.

상담자: 친구가 가장 좋은 이유는?

내담자: 전 어릴 때 사회성이 없었는데……. 근데 다양한 친구를 통해 말하는 것도, 다니는 것도 배웠어요. 보통 엄마한테 배우는 것을 친구한테 배웠어요. 네, 엄마는 어릴 때 집에 계셨어요. 초등학교 5학년 때부터 일을 나갔어요. 그런데 엄마는 저에게 관심이 없었어요. 어릴 때 시장 간 기억밖에 없어요, 엄마와는 어떤 일이 있었는지 기억이 안 나요.

내담자에게 가족은 그냥 기대하지 않고 기댈 수 없는 존재이다. 어릴 때 상처를 많이 받았고 자신이 힘든 것을 알아주는 이가 없다. 그런데 그런 상처를 극복할 수 있는지에 대한 상담에서 자신만이 상처를 극복하게 할 수 있을 것 같다고 이야기했다. 그리고 자신을 성장시킨 것은 자신에게 무심한 엄마가 아니라 친구들이었다고 한다. 다문화 가정에서 우리 문화에 서툰 엄마를 대신해서 친구들이 말하는 법도 가르쳐 주었다는 것이다. 내담자는 자신에게 보물상자는 친구들이라고 이야기했다. 이 부분이 왜 보물상자가 내담자의 친구인지 알 수 있는 부분이다.

4

「심청전」, 「바리데기」의
문학치료적 요소

- 「심청전」의 문학치료적 요소
- 「바리데기」의 문학치료적 요소
- 「심청전」과 「바리데기」의 문학치료적 의의

「심청전」, 「바리데기」의 문학치료적 요소

✽ 「심청전」의 문학치료적 요소

1) 「심청전」과 문학치료

　「심청전」은 부모화된 청소년의 부모화된 삶을 성찰하게 하는 상징적인 이야기이다. 「심청전」의 작품서사를 통해 부모화된 청소년은 무의식적으로 억압된 감정을 겉으로 표출하는 문학치료적 치유과정을 경험하게 된다. 부모화된 청소년은 작품서사에 대한 반응을 통하여 내면의 심리가 겉으로 드러나고 스스로 자기 부모화된 삶을 직면하게 된다.

　신동흔(2018)은 부모와의 관계적 서사성이 강한 인물로 '심청'의 사례를 들었다. 심청은 태생적으로 부모와의 긴밀한 관계적 결속을 경험하는 인물이다. 갓난아기인 자신을 동냥젖으로 키워 낸 아버지와의 관계 외에 결여된 어머니에 대한 심리적 결핍이 작용한다고 보았다. 분석심리학적 관점으로 「심청전」과 문학치료 프로그램에서 심청의 '효'는 부모의 죄책감이 자녀에게 투사되고, 자녀의 과도한 책임감이 희생양의 모습으로 나타난 원형적인 사건으로 보았다. 아버지는 무력하고 어머니는 부재한 설정이며, 보호받아야 할 어린 심청은 위험 속에 빠진다. 어린아이는 부모와 동일시 과정을 겪는데, 심청은 부모와 동일시할 수 없는 상황이다. 심청은 태어나면서 어머니를 잃었다는 상징적 사건을 통해 자기 어머니에 대해 긍정적 동일시를 이루지 못하게 된 것이다. 결국, 심청은 모성성 결핍을 지닌 상징적 인물이라고 할 수 있다. 한편, 심청이 인당수에 몸을 내던지는 행위에 담긴 상징적 의미는 자기 과거 삶을 내던지는 '죽음'의 길로 볼 수 있다. 즉, 아버지를 돌보는 삶에서 벗어나 자기 욕망을 실현하는 '새로운 삶'의 길이라는 상징으로 분석하고 있다. 부모로부터의 독립은 발달 과정에서 겪어야 할 가장 큰 아픔이면서 꼭 필요한 일이다. 심청이 인당수에 몸을 던져 다시 태어나는 것은 아버지로부터의 독립을 의미하며, 자율과 독립성을 확보한 성인이 되었음을 상징한다.

부모화된 청소년은 부모-자녀 관계에서 부모의 돌봄을 받지 못한다. 심청이라는 특별하고 상징적인 인물을 만남으로써 부모화 경험을 하는 청소년은 심청과 자신을 동일시하고 자기 삶과 심층 내면을 스스로 성찰하는 문학치료적 경험을 하게 된다. 심청과의 조우를 통해 부모화된 청소년의 자기서사가 부각되고, 심청이 자아변화와 성장을 이루는 작품 서사를 통해 부모와의 관계를 어떻게 회복할 수 있는지 함축적이고 상징적으로 이해하게 된다.

발달심리학적 관점에서 심청과 같이 부모의 역할을 하는 아동을 부모화된 아동으로 문학치료적 관점에서 의미를 부여하고 있다. 심청은 부모화된 아동과 다르게 자신이 겪고 있는 문제 상황에 대한 거리두기를 통해 더 나은 현실로 나아가고 싶은 자기 욕구를 발견한다. 「심청전」의 작품서사는 부모화된 아동의 자기서사를 보충·강화·통합해 변화를 유도한다.

「심청전」은 부모화된 청소년의 부모와의 관계를 뚜렷이 거울로 비추어 볼 수 있는 매개체가 된다. 「심청전」은 연민과 공감의 서사로서 문학치료적 치유의 힘을 발휘할 수 있다. '눈먼 아비'와 '딸의 희생'이라는 옛이야기의 은유적 장치를 통하여 연민의 서사가 담겨 있다고 볼 수 있는데, 특히 부모화된 청소년에게 이러한 공감과 연민의 문학치료 프로그램은 부모화된 삶을 은유적으로 성찰하고 자기 삶을 객관화하는 자아성찰의 효과를 가져올 것이다. '눈먼 아비'로 상징되는 '무력한 부모'의 모습은 부모화된 청소년의 부모상과 동일시되어 더욱 강렬한 감정의 투사가 나타나게 된다.

「심청전」을 바탕으로 한 문학치료 프로그램은 부모화된 청소년의 실존적 불안과 허무감에 대한 문학치료적 해결책을 제안할 수 있을 것이다. 청소년기의 특성상 자기 존재에 대한 실존적 불안과 의문을 던질 때 「심청전」은 부모-자녀 문제로 인해 어려움을 겪는 부모화된 청소년의 삶의 거울이자 치유적 장면이 된다. 「심청전」을 통해 심청의 죽음과 재생의 상징적 구조를 체험하게 함으로써 심리적으로 정화 작용을 할 수 있을 것이다. 「심청전」의 서사를 읽으며 내담자는 다음과 같은 질문을 통해 자기서사를 보충할 수 있다. 즉, "나는 왜 살아가야 하는가?" "산다는 것이 어떤 의의와 가치를 지니는가?"라는 심층적인 질문을 던지게 된다.

부모화된 청소년은 「심청전」 작품서사를 통해 주인공들이 겪는 심각한 고통을 목도하고 이 고통을 초래한 근본 원인에 대해 탐색하면서 인물의 심정에 더욱 공감하며 이들이 겪는 고난을 자기 일처럼 여기고 연민을 느낄 수 있다. 심청에 대한 공감과 연민을 통해 심청의 처지에서 내적 갈등을 극복하는 성숙과정을 문학치료 과정에서 경험하게 된다. 내담자는 심청의 희생을 연민과 공감의 문학치료 과정을 경험하며, 자녀의 도리를 다하고 봉양 대상인 부모를 구원하는 결말을 통해 부모화된 삶을 성찰하고 자신을 객관적으로 인식하는 문학치료적 치유의 순간을 경험하게 된다.

　문학치료에서의 서사는 '인간관계의 위기와 회복에 관한 이야기'로 보고 있다. 「심청전」의 작품서사는 부모화 경험을 하는 내담자의 자기서사의 심층적이고 복합적인 삶의 기저와 접속하고 공명하면서 새로운 자기 서사의 변화를 이끌어 낼 수 있다. 자아성장을 위한 문학치료 프로그램을 통해 「심청전」의 작품서사가 지닌 상징성이 부모화 경험이 있는 내담자의 자기서사와 연결되어 긍정적인 자기서사의 변화를 가져오게 된다. 부모화된 청소년은 문학치료 프로그램을 통해 스스로 자기서사를 들여다봄으로써 자기 심리적인 문제의 심층적 원인을 통찰하게 되고, 건강하지 못한 자기서사를 건강한 자기서사로 바꾸는 변화가 나타나게 된다.

　지금까지 살펴본 「심청전」의 작품 선정의 근거를 정리하면, 「심청전」은 옛이야기로서 부모-자녀 관계의 특성을 잘 드러낼 수 있는 상징적인 문학치료적 가치를 가지고 있다. 따라서 「심청전」을 통한 문학치료 장면에서 부모화된 청소년에게 문학치료 작품서사로서 보편적인 치유기능이 있다는 것을 알 수 있다. 부모화된 청소년의 부모화된 삶을 표출하고 그들의 자기서사를 스스로 인식하고 자기 부모화된 삶을 성찰하여 새로운 자아인식에 눈을 뜨는 자아변화의 길로 들어서게 하는 문학치료적 가치를 드러낼 수 있다.

2) 「심청전」의 작품서사와 문학치료 요소

「심청전」을 바탕으로 한 문학치료 프로그램은 '어린 시절 과하게 부과되었던 부모화 역할에서 벗어나 온전한 '나'를 찾는 과정이다. 부모화된 자녀의 자아성장을 돕는 문학치료의 첫 번째 작품으로 선정된 「심청전」의 작품서사와 자아성장 요소는 깊은 관련이 있다.

「심청전」의 작품서사와 자아성장 요소를 살펴보면 〈표 4-1〉과 같다.

〈표 4-1〉 「심청전」 작품서사와 자아성장 요소

작품서사	주제	자아성장 요소
1. 어머니의 상실	결핍과 상실	자기 삶 직면하기
2. 아버지 부양	과도한 책임감	부모화 경험 탐색하기
3. 인당수에 몸 던지기	자기희생, 죽음	자기 삶에 질문 던지기
4. 연꽃으로 살아남, 왕비가 됨	부활과 재생	새롭게 바라보기
5. 부녀 상봉	재탄생	미래를 꿈꾸기

(1) 어머니의 상실

'어머니의 상실' 장면은 양육의 문제가 발생하고 왜곡된 가족관계를 형성하는 원인을 탐색하는 장면이다. 이 장면을 통해 자기 삶에 직면하게 된다. 심청은 어머니의 돌발적인 죽음으로 인해 어머니를 상실하고 아버지와 밀착되는 왜곡된 양육관계가 형성된다. 아버지와 딸의 관계는 밀착되고 아버지의 어려움에 공감하는 심청은 과도하게 아버지와 연결되어 과도한 친밀감을 비정상적으로 내면화하게 된다. 이 장면은 부모화된 청소년의 가족관계의 문제가 드러나게 되는 부분이다. 어린 시절 어머니가 없는 심청에 대해 어떻게 생각하는지 내담자의 인식을 탐색하는 과정에서 내담자의 인식과 내면을 성찰하게 된다.

심청이 태어나자마자 어머니를 잃는 것은 모성성의 상실을 의미한다. 심청은 모성성의 충분한 혜택을 받지 못하고 성장하는 아픔을 겪게 된다. 그리고 심봉사로 상징하는 아버지는 이야기 속에서 아내를 잃고 슬퍼하는 연약한 존재로 표현된다.

> "아이고 마누라! 덕 많은 부인아! 죽지 말게, 죽지 마소. 죽어도 같이 죽고 살아도 같이 살자고 하더니, 염라국이 어디라고 날 버리고 먼저 가오. 아이고 마누라! 불쌍한 심청 어미야! 그대가 살고 내가 죽으면 저 자식을 키울 것을 내가 살고 그대 죽으니 저 자식을 어찌 키우란 말이오? 마오, 마오, 딸을 봐서 제발 죽지 마오. 이제 가면 언제 오리, 애고 애고 설운지고, 겨울 지나 봄이 되면 꽃을 따라오려는가? 여름 지나 가을 오면 달을 따라오려는가? 꽃은 졌다 다시 피고, 달도 졌다 다시 돋건마는 우리 마누라 한 번 가면 다시는 못 오는데. 구차하게 살자 한들 누굴 믿고 살아가며, 동지섣달 긴긴밤을 젖 먹자고 우는 자식, 뉘 젖 먹여 길러 낼까? 아이고, 마누라, 아이고 내 팔자야."

어려서 어머니를 잃고 헤매는 아버지의 모습은 부모화된 청소년의 부모와 너무 유사하다. 부모화된 청소년은 이 장면에서 자기 어린 시절 가정환경으로 인한 어려움을 심청의 출생 부분에서 자기 삶을 성찰하는 장면으로 볼 수 있다.

(2) 아버지 부양

아버지를 부양하는 심청의 삶을 통해 부모-자녀 관계가 역전되어 자녀가 부모를 돌보는 부모화의 특성이 잘 드러나는 장면이다. 이 장면에서 부모화된 청소년은 자기 부모화 경험을 스스로 인식하게 되고 구체적으로 탐색하게 된다. 아직 보살핌이 필요한 나이인데 부모를 돌보는 심청을 매개로 이야기를 나누면서 내담자는 자기 부모와의 역전된 부모-자녀 관계를 탐색하게 된다.

어려서 아버지를 돌보는 심청의 모습은 희생양 콤플렉스를 상징하는 부분이다. 부모에게 희생된 사람은 부모에게 수용되고 싶은 심리 때문에 희생을 무릅쓰게 된다. 가족 구성원 사이의 경계가 불분명하고 역할 혼란이 있는 경우 아버지와 동일시하는 심청이가 될 수 있다.

세월은 물 흐르듯 흘러 심청이 어느덧 제 발로 걸어 다니는 예닐곱 살이 되니 곽씨 부인을 닮아 얼굴은 아름답고 행동은 부지런했다. 마음씨도 고운지라 한창 부모 무릎에서 투정이나 부릴 나이에 이미 속이 깊어 눈먼 아버지를 걱정한다. 하루는 심청이가 부친 앞에 단정하게 꿇어앉아 여쭈었다.

"까마귀 같은 날짐승도 먹을 것을 물어다 제 어미를 먹이는데, 하물며 사람이 짐승만 못하겠습니까? 아버지 눈 어두우신데 밥 빌러 여기저기 다니다 엎어져 몸 상하실까 걱정이고, 비바람 궂은 날과 눈서리 치는 추운 날이면 병나실까 걱정입니다. 이제 저도 다 컸으니 오늘부터 아버지께서 집에 계시면 제가 나가 밥을 빌어오겠습니다."

(3) 인당수에 몸 던지기

공양미 삼백 석을 약속하는 심봉사로 인해 인당수에 몸을 던지는 심청의 효행이 드러나는 장면이다. 이 장면을 통해 부모화된 청소년은 당연시하던 자기 부모화된 삶에 질문을 던지게 된다. 무책임한 아버지인 심봉사가 공양미 삼백 석을 약속하는 장면에서 역전된 부모─자녀 관계를 엿볼 수 있다. 특히 이 장면은 부모화된 청소년이 부모에 대한 원망이 드러나게 되는 부분이다. 철없는 아버지인 심봉사와 자기 아버지를 동일시하여 부모화된 청소년의 부모에 대한 불편한 내면 심리를 엿볼 수 있는 부분이다.

심청이 인당수에 몸을 던지는 장면은 아버지의 무책임한 약속을 지키기 위해 심청이 효를 행하는 장면이다. 이 장면은 부모화된 청소년이 부모와의 밀착된 관계를 인식할 수 있는 부분이다.

> "여보게 심 낭자! 시간이 늦어 가니, 어서 급히 물에 드시게."
> 심청이 이 말을 듣고, 정신이 혼미해졌다. 겨우 뱃전을 붙들고서 손발을 벌벌 떤다. 그래도 부친 생각에, "여보시오. 선인님네, 우리 부친 계신 도화동이 어느 쪽이오?"
> 뱃사람이 손을 들어 멀리 도화동을 가리킨다.
> "저기 허공이 적막하고 흰 구름이 담담한 곳, 그 아래가 도화동일세!"
> 심청이 그곳을 바라보며 두 손을 합장한 채 뱃전에 꿇어 엎드린다.
> "아이고, 아버지! 심청은 죽거니와 아버지는 눈을 떠 천지 만물을 보옵소서. 나 같은 불효 여식을 생각지 마옵소서. 나 죽기는 섧지 않으나, 혈혈단신 우리 아버지 누구를 의지하실꼬?"

심청은 인당수에 빠짐으로써 죽음을 통해 환경적·정신적으로 분리되는 상태에 놓이게 된다. 심청이 아버지와 자기 왜곡된 부모－자녀 관계에서 벗어나 객관적으로 자신을 직시하게 되는 장면이다. 아버지와의 지나친 정서적 밀착으로 인한 동일시 감정에서 벗어나 역전된 부모－자녀 관계를 새로운 눈으로 보게 된다. 심청이 인당수에 몸을 던지기 이전과 이후에 심청의 삶은 완전히 달라지고 다른 사람으로 태어난다는 작품서사를 통해 부모화된 청소년의 자기서사가 변화를 나타낼 것이다.

(4) 연꽃으로 살아남, 왕비가 됨

연꽃으로 살아나서 왕비가 되는 장면이다. 이 장면은 부모화된 청소년이 자신을 새롭게 바라보게 되는 부분이다. 심청이 인당수에 빠졌을 때를 새로운 재탄생의 의미로 본다면, 심청이 연꽃으로 환생하는 것의 의미는 무엇이라고 생각하는지 질문을 던지고 생각을 이야기하도록 한다.

심청이 과거의 삶에서 벗어나 아버지와의 관계를 단절하고 새로운 자아의 탄생을 상징하는 장면이다. 연꽃으로 새롭게 탄생하는 여성성의 부활을 의미하며, 이전과는 다른 새로운 삶으로 변환되었음을 의미한다.

> 모든 뱃사람이 심청이가 죽던 날을 생각하며 눈물을 흩뿌리다가 고개를 들어 망망대해를 바라보니, 난데없이 연꽃 한 송이가 너른 바다 가운데 두둥실 떠 있는 게 아닌가? 인당수 너른 바다에 영롱하게 두둥실 뜬 연꽃 송이는 조물주의 조화요, 용왕의 신통이라, 바람이 분들 끄덕하며, 비가 온들 젖을쏘냐? 오색 무지개가 연꽃 주변에 어리어 있으니 분명 예사 꽃은 아니다. 뱃사람들이 이상하게 생각하고,
> "아마도 신 낭자의 넋이 꽃이 되어 떠다니는가 부다."
> 가까이 다가가서 살펴보니, 향기는 천지에 진동하고 크기는 수레바퀴만 해 두 세 사람이 넉넉히 들어앉을 만했다.

− 중략 −

황제가 좋은 날을 가리고 성대하게 혼례를 치르자 마침내 꽃송이 속에서 두 시녀가 심 낭자를 모시고 나왔다. 심 낭자가 꽃에서 나오자 궁궐이 휘황하게 빛나 똑바로 쳐다보기 어려울 지경이었다. 심 황후가 어진 품성으로 황제를 보필하고 나라를 돌보니, 해마다 풍년이 들고 태평성대를 이루어 거리마다 즐거운 노랫소리가 들려왔다.

심청이 꽃으로 변하는 과정은 부성 콤플렉스에서 벗어나 여성의 자기실현 과정을 보여 주고 있다. 아버지와의 동일시에서 벗어나지 못하는 심청의 여성성 역시 억압되고 유보되었다. 심청이 아버지 품에서 벗어나 다른 존재로서 새롭게 살아가게 되는 아니무스의 새로운 발현이다.

(5) 부녀 상봉

심청과 심봉사가 부녀 상봉을 하는 장면이다. 이러한 부녀 상봉은 부모화된 청소년에게 과거에서 벗어나 미래를 꿈꾸는 부분이다. 새로운 정체감 확립과 새로운 가족관계 형성을 의미한다. 심청은 예전과 다른 모습으로 다시 태어난 이후 자기 삶을 주체적으로 살아가는 존재가 된다. 즉, 부모에게서 독립하여 이전의 부모를 돌보는 아이가 아니라 부모를 인정하고 자기 삶을 펼치는 작품서사가 나타나는 부분이다.

이전과 다른 새로운 부모−자녀 관계의 재형성을 상징하는 장면이다. 그동안 심청은 아버지와 자신을 동일시하고 그 속에서 희생을 스스로 자처한 삶을 살았지만, 이제는 이전과 다르게 성장한 자아의식을 실현하는 부분이다. 한 나라의 왕후가 되어 아버지를 찾는 서사는 매우 상징적이다. 이전에 어머니를 잃고 슬퍼하며 외로워하던 효녀 심청이 아니다.

"아버지, 제가 바로 심청이에요. 아버지! 제 효성이 부족해 제 몸만 살아나고 아버지는 눈을 못 떴나 보옵니다. 제가 다시 죽어 가서 옥황상제께 빌어서라도 아버지 눈을 뜨게 하겠습니다. 아이고, 아버지, 저를 좀 보세요!"

"아니 또 죽다니? 네가 사람이건 귀신이건 그놈의 죽는다는 소리를 듣는 데서 하지 마라. 네가 정령 우리 딸 심청이면, 나는 눈 못 떠도 상관없다. 죽지 마라, 죽지만 마. 내 딸 청아, 내 딸 청이 맞느냐? 어이구, 어이구 답답하다."

삼 년이나 세월이 흐르고 심 황후가 귀한 몸이 되었으니 심봉사는 아무리 더듬더듬 만져 보아도 딸인 줄을 알 수가 없다. 심봉사가 답답해 미칠 지경으로 어찌할 줄을 모르고 바득바득 소리를 지른다.

"청아! 살아 돌아온 우리 딸 청아! 얼굴이나 한번 보자꾸나!"

심청이 죽었다 다시 살아나 아버지를 찾는 장면은 대상 심리학적으로 부모-자녀를 재정립하고 새로운 관계를 긍정적으로 형성하는 요소라고 할 수 있다. 심리적 분리의 과정을 극복하고 아버지를 찾아 돌아오는 것이다. 심봉사가 눈을 뜨는 것은 부성성의 회복이며 과거의 우울한 억압과 죄책감에서 해방되어 나쁜 부모-자녀 관계에서 부성성을 회복하는 요소이다.

✻ 「바리데기」의 문학치료적 요소

1) 「바리데기」와 문학치료

「바리데기」는 부모화된 청소년을 위한 문학치료 프로그램의 텍스트로서 매우 적절한 요소를 지니고 있다. 이는 '바리'라는 이름이 상징적으로 내포하고 있다. '바리'는 '버리다'와 관련되어 있으며, 문자 그대로 '버림을 받은 공주'라는 의미를 지닌다. '버려지는 것'은 영웅의 탄생이자 새로운 정신의 탄생이듯이, 「바리데기」 이야기를 통하여 내담자는 부모화된 삶을 들여다보고 '바리'처럼 새로운 길을 찾아 나서는 치료적 경험을 하게 된다.

「바리데기」 이야기에는 자아가 형성되고 성장하는 모습을 상징적으로 보여 주는 서사가 담겨 있다. 바리데기는 태어나자마자 버림을 받는데, 바리데기가 버림을 받았다는 것은 하나의 상징이라고 볼 수 있다. 애초에 부모가 없다는 상징이며, 바리데기가 버림을 받아서 비리공덕 할미, 할아비에 의해서 양육된다는 것은 진정한 부모를 인식하지 못하는 자녀서사를 의미한다. 부모가 병들었을 때, 부모를 구원해야 할 사람이 필요할 때, 그때 바리데기는 부모를 만나게 된다. 바리데기가 부모와 상호관계를 맺을 수 있을 때 비로소 부모를 만나게 된다는 것이다. 바리데기 성장서사는 부모와의 관계 개선을 의미한다. 부모에게서 버림을 받은 바리데기가 부모와 상호관계를 맺을 수 있을 때 비로소 부모를 만나게 된다.

이부영(2018)은 '버림받음'은 그저 현실적으로 누구나 겪는 고통 같지만, 사실은 깊이 뿌리 박혀 있는, 의미 있는 고통이라고 보았다. 영웅신화에서 버림받음은 영웅의 조건이다. 버림받음은 엄청난 위기이지만 만약 그 고통의 의미를 알고 견디어 나간다면 값진 기회가 될 수 있다. 자아가 그런 위기에 어떻게 대처하느냐에 달려 있다. 버림받음의 고통을 통해 자신을 들여다보고 자기성찰을 하게 된다면 그 사람은 새로운 삶의 통찰을 얻고 변화하게 된다. 바리데기는 부모에 의해 버려지지만, 부모를 살려 내기 위해 고난과 시련을 겪는 구약 여정을 통해 진정으로 부모에게서 독립하는 자아성장 서사가 담겨 있다.

신동흔(2018)은 「바리데기」의 낙화에 대하여 '버림'이라는 화소와 연결 지었다. 바리데기가 태어나서 버림을 받은 것은 '낙화의 삶'이라고 보았다. 낙화를 던져 길을 열고 지옥을 여는 주인공 바리의 역정이 오롯한 '낙화의 길'이었다는 것이다. 태어나자마자 부모에게서 버림받은 상태에서 신령한 생명력을 지키고 키워서 죽은 부모를 살리는 일련의 과정은 하나의 '낙화의 삶'이었고, 바리가 낙화를 던져 길을 열고 지옥을 허무는 일은 곧 그가 감당해 온 삶의 힘으로써 고난을 헤쳐 나가는 과정이다. 지옥을 허물고 혼령을 구원한 일이나 무상신선과 결혼하여 자식을 낳고 기르는 일도 낙화의 삶으로서 생명을 키우고 보살피는 여성성의 실현이라고 분석한다.

「바리데기」 이야기가 지닌 치유의 힘은 부모화된 청소년이 지닌 심리적 문제의 심층을 진단하고 치유하는 문학치료 프로그램을 통해 부모화된 청소년의 자아성장과 변화를 촉진할 수 있다. 바리데기 서사는 많은 어려움을 이겨내고 귀환하는 여행담이라고 볼 수 있다. 바리데기 서사를 주체성의 서사로 주목하면서, 주인공 바리데기가 여행 중에 직면하게 되는 숱한 고난들을 이겨냄으로써 주체로 형성되는 과정에 주목해야 한다. 바리데기가 수많은 어려움과 장애들을 이겨내고 자아정체성을 획득하게 되는 자아성장 서사로 본 것이다.

분석심리학적 관점으로 바리데기가 약수를 구하러 떠나는 통과의례적 시련기는 신화적 죽음이라고 볼 수 있다. 신화적 죽음은 실제적 죽음이 아니라 하나의 상징적 죽음이다. 바리데기의 구약 여정은 진정한 자아를 찾아 떠나는 여정이라고 할 수 있다. 바리데기는 어떠한 힘든 일이라도 참고 견디면 언젠가는 반드시 그가 바라는 참된 자아를 찾을 수 있다는 신념으로 여정을 겪는 것이라고 할 수 있다. 바리데기가 구약 여정을 떠나기로 한 것은 '버려진' 딸과 '버린' 아버지의 관계 회복을 원하는 것임과 동시에 구약 여정이 죽음의 여행임을 알고서도 실제 자기 정체성을 확인하는 고난의 길을 스스로 택한 것이다. 바리의 구약 여정은 내담자의 부모화 양상을 구체적으로 변별하고 각 내담자의 자녀서사를 잘 들여다볼 수 있는 부분이다. 바리데기의 구약 여정에서 자기희생적 경험은 단순히 가부장적 질서의 효를 구현하는 표층적 구조의 이면에, 여성으로서의 자아를 확인하고 주체성을 회복해 가는 심층적 서사가 담겨 있다고 볼 수 있다.

2) 「바리데기」 작품서사와 문학치료 요소

「바리데기」의 서사구조는 현대의 복잡하고 다양해진 가족 체계에서 부모화된 청소년의 삶에 주는 시사점이 있다. 청소년은 건강한 사회인으로 성장하기 위해서 주어진 발달 과업을 완수해야 한다. 가족 내에서 부모와 친밀하고 안정적인 관계를 형성하며, 가족 구성원과 정서적 유대를 나누며 자아 정체감을 확립해야 할 뿐 아니라 동시에 부모에게서 분리되어 개별화를 이루고 자율성을 발달시켜 건강한 독립을 이루어야 한다. 바리데기가 자기 부모를 만나게 되고, 부모의 약을 구하기 위해 떠나는 여정은 우리가 부모에게서 독립하여 자기 정체성을 형성해 나간다는 점에서 자아성장을 위한 문학치료 과정에 매우 적절한 작품서사를 지니고 있다고 여겨진다.

이러한 「바리데기」 작품서사를 바리의 고난과 극복의 자아성장서사를 중심으로 구분하여 자아성장 요소를 살펴보면 〈표 4−2〉와 같다.

〈표 4−2〉「바리데기」 작품서사와 자아성장 요소

작품서사	주제	자아성장 요소
1. 부모에게서 버려짐	버려진 운명	자기 삶 직면하기
2. 바리데기 성장 I (비리공덕 할미, 할아비의 도움)	부모의 돌봄을 받지 못함	자기 삶 마주하기 자아정체 위기
3. 바리데기 성장 II (부모 용서하고 구약 여정을 떠남)	나를 찾는 여정	자아탐색하기
4. 바리데기 성장 III (부모를 살려냄)	고난 극복과 사랑의 확대	자아성장
5. 문제해결(영웅의 탄생)	진정한 삶을 찾아	새로운 자아 획득

(1) 부모에게서 버려짐

첫째 장면은 부모에게서 버려지는 장면을 통해 자기 삶에 직면하기이다. 부모화된 경험을 하는 청소년은 어려서부터 부모의 돌봄을 받지 못하고 자신이 거꾸로 부모를 돌보는 처지에 놓여 있는 경우라고 할 수 있다. 바리데기가 태어나자마자 부모에게서 버림을 받는 운명에 처한 것처럼 내담자는 부모에게서 정서적·물리적으로 버려지는 상황일 경우라고 볼 수 있다. 부모에게서 버림을 받는 이 부분의 작품서사는 내담자의 부모−자녀 관계에 대한 내면의 자기서사를 드러내게 되는 부분이다.

오구대왕이 입을 열어 명령을 내리는데, 무서운 명령을 내린다.

"이번에 일곱째는, 칠공주는 울음소리도 듣기 싫고 말소리도 듣기 싫다. 그 아이는, 일곱째 공주는 인적 닿지 않는 곳에 멀리멀리 내다 버려라."

그때에 길대부인이 자리에 누웠다가 그 명령을 듣고 나니 푸른 하늘에 날벼락으로 억장이 무너졌다. 제 몸으로 낳은 자식을 어찌 내다 버릴까마는, 누구의 명령이라 거역할까.

길대부인이 아이를 받아들인다.

"내 딸이야. 공주야, 내가 너를 버리러 가는데 마지막으로 젖이나 한번 물려 보자."

젖줄을 입에 넣어 젖을 먹이니 아이는 한 번 빨고 두 번 빨더니만 소록소록 잠이 든다.

"이왕지사 버리고 가는 자식, 너와 내가 죽지 않고 만날 날이 있으려나, 버리기 전에 이름이나 지어 보자. 나자마자 버리는 자식이니, 네가 '바리데기'로구나."

속적삼을 끊고 손가락에서 피를 내어 '바리데기'라는 이름을 써서 아이 품속에 넣어 준다.

(2) 바리데기 성장 I: 비리공덕 할미, 할아비의 도움

둘째 장면은 비리공덕 할미, 할아비에 의해 길러지고 부모를 찾는 부분에서 자기 삶을 마주하고 직면하는 단계이다. 부모에게서 돌봄을 받지 못하고 비리공덕 할미, 할아비에게서 성장하는 것은 부모화된 청소년이 부모에게서 양육을 제대로 받지 못하면서 자라는 현실을 바라보게 한다. 왕과 왕비가 병이 든 해는 바리가 15세 되던 해이다. 바리는 자기 존재감을 근본적으로 확인할 수 있는 실질적인 과제를 부여받는다. 문학치료 프로그램의 내담자인 청소년은 자기 존재적 실존에 대해 의문을 가지는 바리와 비슷한 발달기에 해당한다. 부모화된 청소년의 자녀서사가 잘 드러날 것으로 여겨진다. 실제 자신이 부모의 돌봄을 받지 못하고 오히려 본인이 부모를 챙기는 역전된 삶을 살면서도 부모를 원망하거나 거부하지 않고 겉으로는 착한 딸로서 살아가는 경우가 있을 것이다.

해가 지고 별이 뜨며 다시 해가 떴다 지기를 몇 번이나 했던지. 옥함은 신기하게도 물 속에 가라앉지 않고 자맥질하듯 오르락내리락 하며 어딘가를 향해 하염없이 흘러갔다. 신령님의 인도였던지 부처님의 인도였던지, 옥함은 거친 바다를 지나 어느 낯선 땅에 이르렀다. 그리고 노부부에게 발견되었다. 태양서촌 마을에서 자식도 없이 가난하게 살던 비리공덕 할아비와 비리공덕 할미가 이상한 꿈을 꾸고서 바닷가를 살피다가 옥함을 발견했다. 자물쇠를 따고 뚜껑을 열어 본 할아비와 할미는 깜짝 놀라고 말았다. 아기 하나가 죽은 듯 누워 있는데 얼마를 떠다녔는지 모습이 참혹하기 이를 데 없었다. 온몸이 물에 젖은 채 물풀이 겹겹이 둘러 있고, 입에는 왕거미, 귀에는 불개미가 가득했다. 할아비와 할미는 얼른 아이를 집으로 데려다가 정성을 다해 보살폈다. 마침내, 죽은 줄만 알았던 아이가 눈을 떴다. 비리공덕 할아비와 비리공덕 할미는 뛸 듯이 기뻐하며 자식을 전해 준 신령님께 감사 드렸다. 바리는 할아비와 할미의 보살핌 속에 무럭무럭 자라났다. 그러나 철이 들면서 마음속에 새록새록 의문이 생겨났다. 어느 날 바리는 비리공덕 할아비와 할미한테 뜻하지 않은 물음을 던졌다.

"할머니 할아버지, 나는 왜 부모님이 없지요? 우리 어머니, 아버지는 어디에 계신가요?"

(3) 바리데기 성장 II: 부모를 용서하고 구약 여정을 떠남

셋째 장면은 바리데기가 자신을 버린 부모를 살리기 위해 구약 여정에 오르는 장면으로서 자아탐색의 부분이다. 바리데기는 죽음의 길이 될 수도 있는 구약 여정을 통해 다시 태어나는 재생의 길을 선택한다. 바리데기는 구약 여정에서 다른 사람의 도움을 받기도 하고 시련에 처하면서 약수가 있는 곳에 도달하여 무장승을 만나게 된다. 그리고 약수를 얻기 위해 무장승이 요구하는 일들을 해 주고 희생의 대가로 약수를 얻게 된다.

> "야야 바리데기야, 너희 아버지 병환은 인간 세상에는 약이 없고, 서천서역에서 약수를 구해 와야 나을 수 있다는구나. 그 말을 듣고서 너희 언니 여섯을 다 불러서 약수를 구하러 가겠느냐고 물어봐도 아무도 가겠다는 사람이 없더라. 다들 못간다고 하니 너희 아버지는 병을 이기지 못하고 이 길로 황천객이 되리로다."
>
> 바리데기가 이 말을 듣더니마는, "어머니, 걱정 마세요. 병든다고 다 죽더이까. 어머니요, 저에게 남자 옷 한 벌만 차려 주세요. 바지저고리 한 벌 지어 주세요."
>
> "야야, 뭐 하려고 그러느냐?"
>
> "서천서역 가서 약수를 구해다 아버지를 살려야지요. 제가 처녀 몸으로 갈 수 없으니, 남자 옷을 입고 총각 행세하며 다녀오겠습니다."

이 장면은 문학치료 프로그램의 목적에 가장 부합되는 작품서사가 나타나 있고 내담자의 자기서사가 건강한 자기서사로 변화될 수 있는 분기점이다. 죽음에서 삶으로 옮겨 가는 통과의례적 의미가 바로 바리데기의 구약 여정이다. 참된 자아를 찾아가는 험난한 길을 스스로 간다는 데에 「바리데기」 작품서사가 부모화된 청소년의 자기서사를 변화하게 하는 핵심 요소가 담겨 있다.

(4) 바리데기 성장 Ⅲ: 부모를 살려냄

넷째 장면은 바리데기가 약수를 구해 와서 부모를 살려 내는 장면으로 자아성장의 길이 나타난다. 문학치료 프로그램의 목표인 자아성장의 가장 중요한 요소인 가족관계 재설정하기와 관련이 있는 장면이다. 무조건적인 희생으로 자기 자아를 가족과 분리하지 못하고 복잡하게 얽혀 있는 자기 삶을 직면하게 된다. 불공평하고 부당한 가족관계 속에서 가족에 대한 속마음을 표출하게 된다.

바리공주가 행렬로 뛰어가서 상여를 부여안았다.

"아버지, 여기 아버지의 일곱째 딸 바리가 왔습니다. 약수를 구해서 왔습니다. 보세요. 여러 님네들, 우리 아버지 모습을 뵙게 해 주세요."

일곱째 공주 바리라는 말에 사람들이 모두 깜짝 놀랐다. 여섯 언니가 나서서 동생을 밀치려는데 길대부인이 썩 나섰다.

"내 딸 바리야. 네가 죽지 않고 왔구나. 그래 보거라. 뵙고서 보내 드려야지."

상여가 멈추어지고 관 뚜껑이 열렸다. 오구대왕은 앙상한 뼈가 되어 누워 있었다. 바리가 뼈를 쓰다듬으며 말했다.

"아버지, 아버지의 딸 바리입니다. 서역 만리 저승 땅에서 약수를 구해 왔습니다. 일어나서 저를 보세요."

바리는 품에 간직했던 색색의 꽃을 내어 아버지를 쓰다듬기 시작했다. 바리가 푸른 꽃으로 뼈를 쓰다듬자 흩어져 있던 뼈들이 덜컥덜컥 제 자리를 찾아서 붙었다. 바리가 노란 꽃으로 뼈를 쓰다듬자 녹았던 살들이 구름처럼 뭉실뭉실 피어났다. 바리가 빨간 꽃으로 몸을 쓰다듬자 붉은 피죽이 돋아나며 피가 돌았다. 바리가 병을 기울여 아버지 입에 약수를 흘려 넣으니 막혔던 숨이 쾅 하고 터졌다. 오구대왕이 숨을 몰아쉬면서 번쩍 눈을 뜨고 일어나 앉았다.

(5) 문제해결: 영웅의 탄생

다섯째 장면은 바리데기가 오구신이 되는 장면으로 새로운 자아를 획득하는 부분이다. 바리데기는 자기 의지와 상관없이 주어진 조건을 자기 의지로 선택하여 극복한 인물로서 자아성장의 목표인 새로운 자아를 찾은 인물을 상징한다.

> 그때에 바리데기 언니 여섯은 막내가 약수를 구해 와 아버지를 살렸다는 말을 듣고서 어디로 갔는지 흔적도 없이 도망가 버리고 없었다. 사위 여섯도 어디로 갔는지 자취도 없이 사라져 버렸다.
>
> 그때 바리데기가 여러 신하를 불러서,
>
> "언니와 형부들을 모셔 오세요. 미워도 내 형제 고와도 내 형제, 모두 어머니, 아버지 몸을 빌려 난 내 형제이니, 어서 모셔 오세요."
>
> 딸 여섯, 사위 여섯 그럭저럭 모여들 적에, 오구대왕과 길대부인까지 모두 모여서 좌정할 곳을 정한다. 세상천지에 무엇이 되어 남을지를 정한다. 하늘이 각각 그 자리를 마련하는데.
>
> 그 후 바리는 무엇이 되었던가. 나라도 마다하고 부귀도 물리치고 오구신이 되어 가서 저승으로 들어서는 영혼들을 인도하게 되었다.
>
> 바리를 주워 키운 비리공덕 할아비와 비리공덕 할미는 영혼의 길
>
> 안내를 맡는 신이 되어 길 삯을 받으며 살게 되었다. 바리의 세 아들은 뒤에 저승의 열대왕이 되었다고도 한다. 동수자의 소식은 알 바가 없다. 바리, 저승에는 그가 있다. 우리의 영혼이 육신을 떠나 저승으로 들어가는 날 그를 만나게 된다.

바리데기는 태어나자마자 부모에게서 버림받고 그럼에도 불구하고 자신을 버린 부모를 구하기 위해 약수를 구하러 떠나게 된다. 바리는 공주

의 신분으로 태어나 부모의 사랑 한번 받지 못하고 버림받았다. 그리고 자신에게 상처만 준 부모를 위해 어린 소녀의 몸으로 저승길에 오른다. 이렇듯 철저하게 버려진 바리이지만, 바리는 이 모든 난관을 혼자의 힘으로 극복하고 오히려 새로운 자아를 찾게 된다. 이렇게 자아성장을 이루는 의식은 부모화된 청소년이 사회적 관계 속에서 심각한 갈등을 겪고 있는 상황에서 진정한 자아를 찾아 나가는 자아성장 과정의 필수 요소라고 할 수 있다. 이부영(2018)은 융(Jung)의 말을 인용하여 인간이 사회 또는 현실과 관계를 맺고 어떤 역할을 맡고 거기에 적응해 가야 하는데, 주변 환경에 적응하기 위해 자기 역할을 위해 행동하는 양식을 페르소나라고 말하였다. 의식의 중심으로서 '자아'는 외부세계와 관계를 맺기 위해 페르소나를 가지게 된다(이부영, 2018). 그런데 부모화된 청소년의 페르소나는 진정한 참자아와는 거리가 멀기 때문에 마음의 분열을 겪게 되고 무의식의 중심에 있는 진정한 '자기 자신'과 멀어지는 것이다. 바리데기의 자아성장을 이루는 작품서사가 부모화된 청소년의 자아성장을 이루는 과정과 깊은 관계가 있음을 알 수 있다.

✴「심청전」과 「바리데기」의 문학치료적 의의

문학치료 프로그램은 부모화된 청소년의 자기서사를 탐색하고 바람직한 자아성장의 발달을 돕기 위해 「심청전」과 「바리데기」를 각각 초기 · 후기 문학치료 프로그램의 목표에 맞게 선정한다. 이 두 작품의 문학치료의 의의를 살펴보면 다음과 같다.

초기 문학치료 프로그램은 부모화된 청소년의 자기서사를 깊이 있게 탐색하는 과정이다. 「심청전」은 부모-자녀 관계가 매우 상징적으로 잘 드러난 작품이다. 심청이라는 인물은 부모화된 청소년이 자신과 동일시하여 자기 삶을 비추어 보는 거울이 된다.

후기 문학치료 프로그램은 진정한 자아를 찾고 부모로부터 건강하게 자아성장을 이루는 과정이다. 「바리데기」는 초기 문학치료 프로그램을 통해 확장된 자아의식의 발달을 촉진하여 역전된 부모-자녀 관계를 스스로 성찰하고 왜곡된 자기서사를 건강하게 회복하고 독립하는 자아성장 서사를 획득하게 하는 데 매우 적절한 작품이다. 「바리데기」 작품서사를 통해 내담자의 자기서사가 청소년기 발달의 목표인 자아성장을 이루는 마중물이 된다.

부모화된 청소년은 문학치료 프로그램을 통해 「심청전」, 「바리데기」의 서사를 따라 자기서사를 탐색하고 문학치료의 가치를 실현할 수 있다. 부모화된 청소년의 심리적인 문제와 증상을 드러내고, 스스로 작품서사를 따라가면서 통찰을 하여 자기 문제를 극복하는 치유가 이루어진다. 부모화된 청소년이 「심청전」, 「바리데기」 작품서사를 따라가면서 내담자의 자기서사에 누락된 부분을 보충하고, 미약한 부분을 강화하며, 분열되어 갈등되는 부분을 통합하면서 자기서사의 변화를 이루게 된다.

5

문학치료
프로그램의 구성

- 문학치료 프로그램의 설계
- 문학치료 프로그램의 모형
- 문학치료 프로그램의 구조와 특성

문학치료
프로그램의 구성

✾ 문학치료 프로그램의 설계

1) 문학치료 프로그램 세부 내용

　문학치료 프로그램은 부모화 경험을 하는 특별한 청소년의 자아성장 시기에 따라 설계될 수 있다. 부모화 경험을 하는 청소년 내담자의 성장 변화과정에 깊이 관여하는 치유적 접근이다. 문학치료 프로그램의 진행 과정을 살펴보면 다음과 같다(〈표 5-1〉 참조).

〈표 5-1〉 부모화된 청소년을 위한 문학치료 프로그램 설계

순차적 요소	세부 내용
내담자 선정	• 상담, 관찰 후 내담자 선정
문학치료 집단상담 설계	• 내담자에 맞춘 문학치료 집단상담 설계 시작

프로그램 기획	• 초기 청소년기부터 후기 청소년기에 걸친 내담자들의 성장발달을 통시적으로 프로그램, 자아성장 변화과정 프로그램 기획
문학치료 프로그램 텍스트 설정	• 초기 청소년기 문학치료 「심청전」: 부모화된 자기 모습 확인, 가족관계 직면하기 • 후기 청소년기 문학치료 「바리데기」: 부모로부터 독립-자아성장 시작하기, 긍정적 자아상 마련하기
초기 청소년기 문학치료 프로그램 실행	• 초기 청소년기 문학치료: 「심청전」을 바탕으로 작품 서사와 자기서사 공명 활동 • 진단검사: 부모화 검사, 애착유형검사 • 다양한 문학치료 활동: 시 쓰기, 편지 쓰기, 다시 쓰기 • 미술치료 기법 활용 활동: 동적 가족화, 그림 그리기, 인물그리기 • 개인 심층상담
후기 청소년기 문학치료 프로그램 실행	• 후기 청소년기 문학치료: 「바리데기」를 바탕으로 작품 서사와 자기서사의 공명 활동 • 진단검사: 자아성장 검사, 자아존중감 검사 • 다양한 문학치료 활동: 시 쓰기, 랩 가사 쓰기, 편지 쓰기, 다시 쓰기 • 미술치료 기법 활용 활동: 동적 가족화, 빗속의 사람그림 그리기, 자화상 그리기, 동적 집-나무-사람 그리기, 물고기 가족화 • 개인 심층상담
프로그램 마무리	• 내담자 소감 나누기, 상담자 평가 정리하기

첫째, 내담자 선정 과정이다. 내담자가 초기 청소년기에 접어 든 성장기의 특성을 고려하여 문학치료 활동이 시작된다. 초기 문학치료 활동은 내담자가 문학치료 활동을 통해 자기 내면의 문제를 직면하고 자아성찰에 이르도록 진행하는 과정이다.

문학치료 프로그램을 실행하기 전 내담자와의 개인 상담을 통해 내담자가 부모화 경험의 양상과 그로 인한 내담자의 심리적 정서적 어려움을 파악해야 한다. 프로그램 시작 단계에서 내담자를 대상으로 사전 진단검사로 부모화 검사를 실시하여 부모화 정도를 진단한다. 이러한 사전 진단을 바탕으로 부모화 경험으로 인해 건강한 자아발달의 어려움을 겪고 있는 청소년을 위한 문학치료 프로그램의 내용을 기획하고 구체적인 문학치료 활동 내용을 선정하는 단계이다. 부모화된 청소년을 위한 문학치료 프로그램은 부모화된 청소년의 자아발달 과정을 따라 긍정적인 자아상을 확립하고 부모와의 관계형성의 어려움을 극복하도록 돕는 문학치료의 치료적 가치를 발휘하여 실현하고자 하는 것이다.

둘째, 문학치료 설계와 기획이다. 문학치료 프로그램 과정은 초기 청소년기인 중학교 1학년인 14세에 시작하여 이후 고등학교 1학년인 17세까지 내담자의 성장기를 따라 실행하도록 설계하였다.

셋째, 문학치료 실행 단계이다. 초기 청소년기 「심청전」을 바탕으로 한 문학치료 프로그램 12차시와 후기 청소년기 「바리데기」를 바탕으로 한 문학치료 프로그램 14차시로 설계하였다.

2) 문학치료 실행 구조

문학치료 프로그램의 실행 구조는 초기 청소년기와 후기 청소년기로 나눌 수 있다. 「심청전」과 「바리데기」를 바탕으로 설계된 문학치료 프로그램으로 문학치료 집단상담을 실시하고, 그 문학치료 집단상담과 연계하여 각 개인 내담자와의 개인 심층상담을 실시하는 구조이다. 문학치료 실행과정에서 문학 표현 활동과 연계하여 미술치료 기법을 활용한 투사 활동이 다양하게 이루어진다. 문학치료 실행 설계 구조는 〈표 5-2〉와 같다.

〈표 5-2〉 문학치료 프로그림 실행 구조

구분	초기 청소년기	후기 청소년기
집단상담	「심청전」 문학치료 프로그램	「바리데기」 문학치료 프로그램
개인 심층상담	문학치료 관련 개인 심층상담	문학치료 관련 개인 심층상담
다원적 투사 활동	• 시 쓰기 • 인물에게 편지 쓰기 • 동적 가족화 그리기 • 마음이 움직이는 장면 그리기	• 시 쓰기 • 인물에게 편지 쓰기 • 랩 가사 쓰기 • 가족에게 편지 쓰기 • 동적 가족화 그리기 • 물고기 가족화 그리기 • 자화상 그리기 • 동적 집-나무-사람 그리기

　　문학치료 프로그램은 초기 청소년기와 후기 청소년기에 따라 순차적 · 단계적으로 설계되었다.

　　초기 청소년기 문학치료 단계에서는 「심청전」을 텍스트로 설정하였고, 후기 청소년기 문학치료 단계에서는 「바리데기」를 텍스트로 설정하여 기획되었다. 그리고 초기 청소년기와 후기 청소년기 문학치료 프로그램은 단계별로, 종단적으로 실행하는 프로그램으로 설계되었다. 초기 청소년기 문학치료 프로그램에서 자기 부모화된 삶을 직면하고 자기 삶을 객관화하고 감정을 표현하는 활동을 했다면, 후기 청소년기 문학치료 프로그램에서는 부모화된 청소년의 긍정적인 자아변화와 자아성장을 이끌어 내고자 하였다.

　　초기 청소년기와 후기 청소년기 문학치료 실행은 각 단계별로 구조화된다. 초기 청소년기 활동은 「심청전」을 바탕으로 작품서사에 대한 자기

서사 공명 활동이다. 「심청전」을 바탕으로 심청과 만나기, 심청과 대화하기, 다양한 문학 활동으로는 시 쓰기, 편지 쓰기, 다시 쓰기 활동이 이루어진다. 문학치료 프로그램과 연계하여 미술치료 기법을 활용하여 동적 가족화 그리기 등이 이루어지고, 개인 심층상담도 실행된다.

후기 청소년기 문학치료 프로그램은 「바리데기」를 바탕으로 작품서사에 대한 공명 활동이다. 시 쓰기, 랩 가사 쓰기, 편지 쓰기, 다시 쓰기 등 문학 활동이 실행되고, 미술치료 기법을 활용하여 동적 가족화 그리기, 빗속의 사람 그림 그리기, 자화상 그리기, 동적 집-나무-사람 그리기, 물고기 가족화 그리기 등이 다양하게 이루어진다.

❀ 문학치료 프로그램의 모형

1) 초기 · 후기 청소년기 문학치료 프로그램

문학치료 프로그램은 초기 청소년기 프로그램과 후기 청소년기 프로그램으로 나뉘는데, 문학치료 프로그램 계획 설계 과정에서 부모화된 청소년의 문학치료를 위한 문학작품으로 초기 청소년기 프로그램에서는 「심청전」이, 후기 청소년기 프로그램에서는 「바리데기」가 선정되었다.

문학치료 프로그램에서 활용한 「심청전」과 「바리데기」는 내담자의 수준과 흥미를 고려하여 청소년을 위한 고전 읽기 작품으로 선정되었다. 「심청전」과 「바리데기」는 구전문학의 특성상 다양한 판본과 텍스트를 가지고 있다. 그중에서 초기 청소년기에 해당하는 중학생 내담자의 문해력 수준에 맞추어 문학치료 프로그램의 작품으로 선정하였다.

특히 초기 청소년기 문학치료 프로그램의 텍스트로 선정된 「심청전」은 부모화와 매우 연관성이 깊은 화소와 부모-자녀 관계에 대한 상징적인 요소가 잘 드러나 있어서 내담자가 문학치료 프로그램에 깊이 몰입하는 효과가 있다. 후기 청소년기 문학치료 텍스트로 선정된 「바리데기」는 「심청전」을 통해 이루어진 자아변화의 성과에 이어서 좀 더 심층적인 자아성장을 향한 문학치료 프로그램을 전개하는 매우 효과적인 텍스트이다.

  문학치료 프로그램은 「심청전」과 「바리데기」 작품서사와 만나고 인물과 만나는 문학치료 프로그램이다. 문학치료 활동을 통해 내담자는 자기 자신을 통찰하면서 과거의 자신을 만나고 현재를 객관적으로 거리를 두고 자신을 이해하고 새로운 삶을 향해 나아가는 것이다. 즉, 문학치료 프로그램을 통해 '과거의 나'를 직면하고 현재의 나를 인식하고 미래를 위해 '새로운 나'로 변화하는 치유적인 단계를 경험하게 된다.

  문학치료 프로그램의 초기·후기 청소년기 단계는 문학치료 프로그램을 통해 구체적으로 구현된다.

〈표 5-3〉 문학치료 프로그램 모형

단계	시기	문학치료 목표
전기	초기 청소년	• 「심청전」 　– 부모화된 자기 탐색 　– 자기서사 진단 　– 부모화된 자기 삶 성찰하기
후기	후기 청소년	• 「바리데기」 　– 현재의 나 직면하기 　– 자아성장을 위한 자아 독립 　– 새로운 자아 획득, 자아성장

초기 청소년기 단계에서는 「심청전」을 바탕으로 초기 청소년기에 맞
추어 자아탐색과 변화를 이끌어 내고자 한다. 초기 청소년기 문학치료
프로그램은 부모화된 청소년이 자아변화를 이루어 자아성장을 도모하
는 동기를 이끌어 내고자 한다. 후기 청소년기 단계에서는 「바리데기」
를 중심으로 부모화된 청소년의 자아성장을 촉진하고자 한다. 초기 청소
년기 단계에서 「심청전」을 통한 자아탐색과 자아실현에 대한 가능성을
깨달은 후, 「바리데기」를 통해 현재의 삶의 문제를 통찰하고 미래를 위
해 새로운 자아를 획득하고 자아성장을 이루어 나가는 것을 목표로 삼
았다.

2) 초기 · 후기 청소년기 문학치료 프로그램 목표와 실시 계획

　문학치료 프로그램은 부모화된 청소년의 성장 · 발달을 따라 발달 과제와
연계하여 목표가 설정된다. 초기 청소년기 문학치료 프로그램을 통해 부모
화 경험을 하는 내담자가 부모화된 자기의 삶을 직면하는 문학치료 경험을
통해 자각과 성찰을 이룬다. 후기 청소년기 문학치료 활동은 시간의 경과에
따라 부모화된 자기 자각을 넘어서서 건강한 자아성장을 시작하고 새로운
가족관계를 인식하는 자아성장의 목표에 도달하고자 한다.

〈표 5-4〉 초기 · 후기 청소년기 문학치료 프로그램 내용 및 목표

발달 단계	프로그램 단계	목표
초기 청소년기	「심청전」을 바탕으로 한 문학치료 프로그램	부모화 경험의 자각과 자기성찰
후기 청소년기	「바리데기」를 바탕으로 한 문학치료 프로그램	자아성장과 새로운 가족관계 설정

✽ 문학치료 프로그램의 구조와 특성

1) 초기 프로그램 단계와 내용

초기 청소년기 문학치료 프로그램은 「심청전」을 바탕으로 설계되었다. 부모화된 청소년의 자기서사와 매우 밀접한 연결점을 이룰 수 있는 문학치료 텍스트를 통한 활동을 실행한다. 초기 자아성장 목표인 부모화된 자신의 삶을 돌아보고 자기를 인식하는 치료적 목표를 위한 설정이다.

〈표 5-5〉 초기 청소년기 문학치료 프로그램 구조

자아성장 요소	자아성장 과정	활동 내용

자기 삶 직면하기	나 들여다보기	• '거울 속의 나' 대면하기
		  − 부모화 검사, 애착유형 검사
		  − 동적 가족화 그림

부모화 경험 탐색하기	가족과 나 탐색하기	• 심청과 만남(공감적 대화)

자기 삶에
질문 던지기
	마주하는 가족
	(부모를 새롭게 보기)
		• 심청과 함께 걷는 길
		(연민과 공감 표현)
		  − 나 만나기
		  − 가족에 대한 감정 표출

새롭게 바라보기	변화하는 나	• 심청과 대화하기 − 자아변화 인식하기
미래를 꿈꾸기	새로 보는 나의 삶	• 나의 변화 받아들이기

「심청전」 작품서사를 활용한 초기 청소년기 문학치료 프로그램 과정은 다음과 같은 자아변화 과정을 바탕으로 하고 있다.

첫째, '나 들여다보기' 단계이다. 문학치료를 시작하기 위한 도입 단계이다. 참여자 학생들의 부모화 정도를 알아보고 동적 가족화를 그리게하여 각 참여자의 부모화 양상과 개별적인 특성을 찾아보게 된다. 그리고 어린 시절 부모와의 애착형성 유형을 진단하는 애착유형 검사를 실시하여 대인관계에 대한 참여자의 심리적 특성을 알아보는 단계이다.

둘째, '가족과 나 탐색하기' 단계이다. 심청에 대한 공감과 연민을 통해 자기 부모화 경험을 투사하는 단계이다. 그동안 당연시해 오던 부모에 대한 일방적이고 왜곡된 부모화 경험을 심청서사를 통해 객관화하고 직면하는 것이다. 「심청전」에서 심청의 '효'는 부모의 죄책감이 자녀에게 투사되고, 자녀의 과도한 책임감이 희생양의 모습으로 나타난 원형적인 사건으로 보았다. 심청의 희생을 가치 있게 여기게끔 하는 것은 바로 심청에 대한 공감과 연민이다. 이러한 심청에 대한 공감 활동은 문학치료 대상자인 부모화된 청소년에게 더 효과적인 문학치료적 방안이 된다.

셋째, '가족과 나 탐색하기' 단계이다. 부모화된 청소년이 「심청전」을 통해 무력한 아버지와 어머니의 양육 부재로 인한 자기 원형적인 자아 성장의 문제에 집중하고 자신이 문제를 극복할 수 있도록 부모에 대한 감정을 표출하고 직면하게 된다. 「심청전」에서 아버지는 무력하고 어머니는 부재한 설정이며 보호받아야 할 어린 심청은 위험 속에 빠진다. 어린아이는 부모와 동일시 과정을 겪는데, 심청은 부모와 동일시할 수 없는 상황이다. 이러한 「심청전」 작품서사에 반응하면서 내담자는 자기 삶을 마주하게 된다. 부모화된 자기서사를 인식하는 단계이다.

넷째, '변화하는 나' 단계이다. 부모화된 청소년의 발달적인 측면을 고려하여 발달에 따라 「심청전」을 통하여 부모화된 문제를 파악하고 청소년의 자기서사가 보충·강화·통합되어 건강한 자아 형성을 돕는 발달이 이루어지도록 한다. 이제까지의 가족에 대한 자신의 감정을 표출하고 새로운 눈으로 가족과 자기 삶을 성찰하고 자아변화를 이루어 나간다. 내담자는 부모화된 자기 삶을 새로운 눈으로 바라보고 새로운 삶을 향해 변화를 시작하는 계기를 이룬다.

　다섯째, '새로 보는 나의 삶' 단계이다. 각자 문학치료 활동에 참여하면서 변화된 부모와의 관계에 대한 생각을 나누고 다른 참여자의 소감을 들어주며 공감하면서 내면의 변화를 확인하는 단계이다. 참여자들은 변화된 자신을 표현하고 자신의 변화를 인식하게 된다.

2) 후기 프로그램 단계와 내용

　후기 청소년기 문학치료 프로그램은 「바리데기」 설화를 바탕으로 〈표 5-6〉과 같이 설계된다.

〈표 5-6〉 후기 청소년기 문학치료 프로그램 구조

자아성장 요소	자아성장 과정	활동 내용
자기 삶 직면하기	나 들여다보기	• '거울 속의 나' 대면하기 　– 자아분화 정도 　– 자기서사 진단
자기 삶 마주하기 (자아정체감 위기)	나 탐색하기	• 바리와의 만남(공감적 대화)
자아탐색하기	자기 삶 마주하기 (자기 역할에 의심 품기)	• 바리와 함께 걷는 길 (연민과 공감 표현) 　– 나 만나기 　– 가족에 대한 감정 표출

자아성장	새로운 나 만나기	• 바리와 대화하기 　- 자아변화 인식하기
새로운 자아 획득	새로 시작하는 삶	• 새로 쓰는 나의 삶, 나의 이야기

본격적인 문학치료 방안으로 자아성장을 이루게 된다. 내담자는 자신의 부모화 경험과 동일시할 수 있는 바리의 삶을 따라가면서 바리의 고난과 역경에 대해 연민을 느끼고 인물의 삶의 선택과 성장서사에 공감하는 활동을 하게 된다. 그러한 문학치료 프로그램을 통해 자기 삶을 비추어 보고 자신과 바리의 삶을 연결 지으며 진정한 자아성장의 길로 접어들게 된다.

「바리데기」 작품서사를 활용한 후기 청소년기 문학치료 프로그램은 다음과 같은 자아성장 과정을 바탕으로 하고 있다.

첫째, '나 들여다보기' 단계이다. 후기 문학치료를 시작하기 위한 도입 단계이다. 참여자의 자아분화 검사를 통해 부모와의 관계를 진단하고 참여자의 설화 반응 검사를 통해 자기서사를 진단한다. 물고기 가족화 등을 통해 자기 삶을 스스로 성찰하는 단계이다.

둘째, '나 탐색하기' 단계이다. 바리가 버림을 받는 작품서사에 내담자의 자기서사가 반응하는 단계이다. 문학치료 프로그램을 통해 내담자의 내면에 담긴 부모에 대한 서운한 마음과 원망의 감정을 표출하게 된다. 자기 자신에 대한 객관적 통찰을 통해 '거울 속의 나'를 만난다. 내담자는 바리데기의 삶을 '나를 비춰 주는 거울'로 삼아 자신을 객관적으로 거리를 두고 탐색하게 되고 이를 통해 '부모화된 나'와 마주하게 된다. 지금까지 부모화 역할로 인해 힘든 자기 모습을 직면하게 되고, 문학치료 프로그램을 통해 '바리'의 자아를 찾는 여정에 공감하고 연민을 느끼면서 '나는 누구인가'라는 질문을 스스로 던지게 된다.

　셋째, '자기 삶 마주하기' 단계는 부모화된 자기 삶을 진지하게 성찰하는 단계이다. 서사 요소는 인간관계의 변수가 될 수 있는 여러 가지 내적·외적 요인 중 '서사의 주체가 나타내는 관계에 대한 태도와 행동'에 주안점을 두어서 설정한다. 특히 「바리데기」에 있어 자녀서사 문제는 사회적 편견과 부모의 무책임함으로 인해 형성단계에서 최소한의 교감도 이루지 못한 상태의 심각한 '단절'을 경험하는 것이 두드러진다고 볼 수 있다. 문학치료 프로그램을 통하여 부모화된 내담자는 가족을 돌보는 일을 '왜 내가 해야 하는가?'라는 질문을 던지면서 가족을 객관적으로 바라보게 되고 가족에 대해 재해석을 하게 된다. 이러한 과정을 통하여 자기 역할에 대해 의심을 품고, '가족에 대해 재해석하기'를 하며 벗어나지 못했던 가족이라는 굴레를 지고 있던 자기 삶을 재해석하여 삶의 중심을 자신에게로 맞추게 된다.

　넷째, '새로운 나 만나기' 단계이다. 바리데기가 장례 행렬을 멈추게 하고 부모를 살려내는 이야기를 들으면서 결국 진정한 삶의 희망은 죽음을 경험해야 진정 깨닫게 된다고 볼 수 있을 것이다. 내담자가 부모화된 경험을 통해서 긍정적인 가치로 얻을 수 있는 부분이라고 볼 수 있다. 자기 삶을 소중하게 받아들이고 바리데기처럼 자신을 오롯이 세울 수 있는 내면의 힘을 기를 수 있는 장면이라고 할 수 있다. 물론 그 이전에 부모화된 자기 삶을 거리를 두고 객관화하여 바라보고 내면에 깃든 부정적인 감정과 생각을 표출하여 새로운 자아를 찾는 과정을 필수요소로 전제로 하고 있다.

　다섯째, '새로 시작하는 삶' 단계이다. 각자 자신이 변화된 삶에 대한 인식을 나누고 다른 참여자의 생각을 들어주며 공감하고 자기 내면의 변화를 확인하는 활동이다. 변화된 자신을 표현하면서 자신의 변화를 인식하게 된다.

내담자는 후기 청소년기 문학치료 프로그램을 통해 새로운 자아를 찾아 떠나는 여정을 통해 새로운 가족관계를 설정하고 건강한 가족 체계를 만들어 가게 된다. 내담자는 바리의 구약 여정의 의미와 같은 '자아성장', 즉 '새로운 나'를 만나는 경험을 하게 된다.

청소년의 자아성장을 위한
문학치료

문학치료 프로그램의
전개와 활동 내용

- 내담자와의 만남 및 문제 발견
- 내담자 부모화 검사 및 심리진단 검사
- 문학치료 프로그램 활동
- 미술치료 기법 활용 활동

문학치료 프로그램의
전개와 활동 내용

✽ 내담자와의 만남 및 문제 발견

문학치료 프로그램은 부모화 경험을 하는 특별한 청소년들을 위한 프로그램이다. 부모화 경험이라는 특별한 경험을 하는 청소년은 실제 겉으로는 매우 의젓하고 자기 맡은 일에 최선을 다하는 모범적인 모습을 보여 주는 경우가 많을 것이다. 부모를 대신해서 집안일을 하고 가족을 돌보는 등 요즘 보기 드문 청소년이라고 할 수 있다. 실제 학교 현장이나 주변에서 이들은 겉으로 그러한 경험을 하고 있다는 것을 파악하기 어려울 수 있다. 실제 부모화된 청소년은 겉으로는 의젓하고 어른스러운 면모를 보여 주는 경우가 많다. 심층상담을 통해서 그들을 만날 수가 있다.

✱ 내담자 부모화 검사 및 심리진단 검사

문학치료 프로그램 시작 단계에서 내담자의 부모화 정도와 자아상을 진단하는 심리진단이 필요하다. 문학치료 프로그램은 초기 청소년기에서 후기 청소년기로 이어지는 프로그램의 진행에 따라 진단검사가 이루어진다.

초기 청소년기에서는 내담자의 부모화 정도를 파악하기 위한 부모화 검사와 대인관계 문제 및 부모-자녀 관계를 파악하기 위한 애착유형 검사가 이루어진다. 그리고 동적 가족화 그리기 활동과 같은 가족관계를 상징적으로 투사하는 그림검사가 필요하다. 부모화 검사는 설문조사로서 리커트 척도에 의한 점수를 반영하여 해석하는 검사인데, 대상 내담자의 개인적인 상황을 고려하여 대면 상담을 통해 질적으로 분석할 필요가 있다. 그리고 동적 가족화 그리기는 가족 구성원 사이의 관계 및 역동성에 대한 내담자의 지각을 이해하고 자아개념, 대인관계 갈등 등의 정서적 특성을 파악하려는 목적으로 실행된다. 동적 가족화에 투사적으로 드러난 내담자의 부모화 경험을 파악할 수 있기 때문이다. 또한 애착유형 검사는 부모화된 청소년의 부모-자녀 관계의 양상과 부모화로 인해 겪고 있는 심리적 어려움을 진단하는 목적으로 이루어진다. 특히 부모화된 청소년이 대인관계 문제에 어려움을 어떻게 겪고 있는지 파악할 수 있다. 부모화 경험으로 인해 타인에 대한 신뢰도가 많이 손상되었을 것이라고 가정하여 내담자의 애착유형을 살펴볼 필요가 있다.

후기 청소년기에서는 사전검사로 내담자의 부모와의 관계적 거리를 파악하기 위한 자아분화도 검사와 자아존중감 검사를 실시한다. 문학치료 활동 사후검사로 문학치료적 진단을 위한 다시 쓰기와 미술치료 기법을 활용한 동적 집-나무-사람 그림 그리기 활동을 통하여 내담자의 자아상 변화를 파악한다.

자아분화도 검사는 가족 사이에서 성장하면서 형성된 자아의 특성을 진단하는 검사이다. 자아분화도 검사를 통해 타인이 아닌 자신이 스스로 자신만의 방식으로 기능하고 있는지를 진단한다. 또한 근원 가족의 정서적 혼돈과 불안에서 벗어나게 되었는지를 진단하는 검사이다. 자아분화도 검사는 설문지 형식으로 리커트 척도 검사이다.

자아존중감 검사는 내담자들의 부모화 경험으로 인한 자아상을 설문지 형식으로 진단한다. 자아의 요인 중 자기비하, 타인과의 관계, 지도력과 인기, 자기주장 부분 등에 대해 양적 분석보다는 질적 상담을 통해 구체적으로 진단하게 된다.

사후검사로 실시한 작품 다시 쓰기는 문학치료 진단 프로그램이다. 1차 다시 쓰기와 2차 다시 쓰기를 비교·분석한 결과 작품서사에 대한 내담자의 자기서사 변화에서 유의미한 차이가 있는지 분석한다. 문학치료 프로그램을 통해 일어난 내담자의 자기서사의 변화를 다시 쓰기 서사 변화를 통해 진단하는 검사이다.

미술치료 기법을 활용한 동적 집-나무-사람 그림에서 집은 내담자가 지각한 가정환경을 나타내며, 나무는 무의식적 자아상과 자신에 대한 감정을, 사람은 의식에 가까운 부분으로서 자아상과 환경의 관계를 나타낸다. 이를 통해 내담자의 자아상 변화를 투사적으로 파악할 수 있다.

이러한 사전·사후검사는 자아성장 프로그램의 중점 목표인 문학치료를 통한 내담자의 자기서사 변화와 사아성상의 변화를 가늠하는 데 매우 유효하다.

1) 부모화 검사

첫째, 부모화 정도를 측정하기 위한 부모화 검사는 PQ-Y(Parentification Questionnaire-Youth; Godsall & Jurkovic, 1995)를 토대로 다차원적 분석을 위해 유르코비치, 쿠퍼민과 케이시가 개발한 FRS-Y(Filial Responsibility Scale-Youth)를 이정숙과 김은경이 번안한 것을 사용한다(Jurkovic, Kuperminc, Casey, 2000). FRS-Y는 청소년을 위한 자기보고식 검사로서 물리적 돌봄(Instrumental Caregiving), 정서적 돌봄(Emotional Caregiving), 공정성(Fairness)이라는 세 개의 하위척도로 구분되며, 이정숙과 김은경의 프로그램에서 공정성에 해당하는 문항을 부모화의 맥락에 맞추어 불공정성으로 역코딩하여 점수화한다. 각 하위척도는 도구적 돌봄 12문항(예: "나는 종종 내 형제들의 숙제를 도와준다."), 정서적 돌봄 9문항(예: "가족들은 종종 나에게 도움을 청한다."), 불공정성 13문항(예: "우리 집에서 나는 내 몫보다 더 많은 일을 하도록 요구한다.")의 총 34문항으로 이루어져 있으며, 이 척도는 1점(전혀 그렇지 않다)에서부터 4점(매우 그렇다)까지의 라거트 척도이다.

2) 애착유형 검사

애착유형 검사는 바솔로뮤(Bartholomew)와 호로비츠(Horowitz)의 프로그램에서 사용한 Self-Report Attachment Style Prototypes를 김동직과 한성열이 번안한 4범주 애착유형 질문지를 사용하여 애착의 세부적인 특성을 살펴본다. 애착유형에 대한 4문항과 마지막으로 그중에서 본인과 가장 가까운 유형 하나를 고르는 1문항을 포함해 모두 5문항으로 구성된다. 애착유형 척도는 단일문항으로 이루어졌으며, 일반적인 타인에 대한 현재의 애착을 측정하는 것으로서 안정형, 집착형, 두려움/회피형, 거부/회피형의 네 가지 애착 양식을 구분하도록 설계되어 있다. 응답자는 네 가지 애착 양식을 설명하는 문장을 읽고 7점 척도로 점수를 부여하며 마지막으로 자신과 가장 잘 일치한다고 생각되는 양식 하나를 선택해야 한다.

3) 자아존중감 검사

자아존중감을 측정하는 도구로 타당성을 인정받은 대표적인 척도로 10문항의 로젠버그(Rosenberg)의 Self-Esteem Scale(RSES)과 쿠퍼스미스(Coopersmith)의 Self-Esteem Inventory(SEI)가 많이 사용된다. RSES는 청소년용으로 총체적인 자아존중감을 측정하는 데 매우 간결하며, 간단한 척도이다. 문학치료 프로그램에서는 자아존중감을 여러 영역에서 나누어 측정할 수 있는 쿠퍼스미스의 Self-Esteem Inventory를 강종구가 번역하여 사용한 것을 수정하여 사용한다. 이 검사는 25개의 문항으로 된 자기보고식 검사로서 도구는 모든 연령층에서 사용이 가능한 척도로, 네 가지의 하위 영역(자기비하, 타인과의 관계, 지도력과 인기, 자기주장)으로 구성되어 있다.

4) 자아분화도 검사

자아분화도 검사는 청소년의 자아 분화의 정도를 측정하기 위해서 보웬(Bowen)의 가족 체계 이론을 토대로 제석봉이 개발한 자아성장 척도를 사용한다. 자아성장척도는 인지적 기능 대 정서적 기능, 자아의 통합, 가족 투사과정, 정서적 단절, 가족 퇴행의 다섯 가지 하위 영역으로 구성되어 있다. 문항 수는 36개 문항이며, 인지적 기능 대 정서적 기능을 측정하는 문항 7개, 자아의 통합을 측정하는 문항 6개, 가족 투사과정을 재는 문항 6개, 정서적 단절을 측정하는 문항 6개, 가족 퇴행을 측정하는 문항 11개로 구성되어 있다.

✱ 문학치료 프로그램 활동

　문학치료 프로그램에서는 내담자의 작품서사에 대한 자기서사 반응을 표현하는 다양한 문학치료 활동으로 이루어진다. 문학 치료 프로그램의 공감 표현 활동으로, 마음이 움직이는 장면 그리기, 다시 쓰기, 시 쓰기, 인물에게 편지 쓰기, 랩 가사 쓰기 등 문학작품에 공감하고 자기 삶을 들여다보는 공명하는 부분을 투사적으로 드러내는 활동이다. 문학치료 상담 장면에서 내담자가 작품서사를 따라가는 문학상담 장면에서 내담자의 자기서사를 문학적인 표현 방식을 통해 은유적으로 투사적으로 표현함으로써 문학작품에 좀 더 깊이 공감하고 자기 내면과 연결되어 문학치료적인 가치를 더 효과적으로 이끌어 주는 활동이라고 할 수 있다.

1) 마음이 움직이는 장면 그리기

　내담자는 작품을 통해 자신의 감정이 반응한 부분을 생각해 보고 '마음이 움직이는 장면 그리기' 활동을 한다. 이야기 속에서 가장 자기 마음이 움직였던 장면을 떠올리고 그림을 그린 후 그 장면과 인물에 대한 반응을 통해 내담자 내면 깊은 곳에 들어 있는 심층심리를 표현하는 활동이다. 이야기 속 인물과 장면에 대한 반응을 통해 내담자의 자기서사가 드러나게 된다. 내담자는 문학치료 프로그램에 도입하는 단계에서 전체 작품서사를 이해하고 감상하고 나서 가장 자기 마음에 와 닿는 장면을 선택하고 그림으로 표현하는 활동이다. 이러한 활동을 통해 작품서사가 거울이 되어 내담자의 자기서사를 투사적으로 표현하게 된다.

(1) 사례: 마음이 움직이는 장면 그리기

[그림 6-1] 어린 심청이 심봉사를 돌보는 장면

왜 이 장면을 그렸냐면 심청이는 나이도 어리잖아요. 근데 매일 같이 동냥해 오고 대단하기도 하고, 한편으로는 심청이가, 아빠가 심청이만 믿는 것 같아 가지고 별로고. 어떻게 보면 둘이 다정해 보이는 거 같기도 하고. 재밌어 보여요.

2) 작품 다시 쓰기

내담자는 이야기 다시 쓰기를 통해 자신이 직면한 삶의 문제에 관한 서사로 표현하고, 자신의 삶의 문제가 어떤 쟁점을 내포하고 있는지 드러내며, 이와 같은 문제를 어떻게 해결하고 싶은지 자기 내면을 창조적으로 만들어 낸다. 이러한 작품 다시 쓰기 창작 활동을 통해 내담자는 자기서사를 새롭게 탐색하거나 자기서사의 내용을 재구성하는 계기를 갖는다. 문학치료 프로그램을 통해 내담자가 작품서사에 깊이 몰입하여 인물의 삶을 내면화하고 자기서사를 투사적으로 표현하게 된다. 그리고 다시 쓰기를 함으로써 문학치료 프로그램을 통해 변화한 내담자의 자기서사 변화를 진단할 수 있다. 내담자는 자아성장 작품서사에 깊이 공감하고 인물의 처지에 연민하는 공명작용을 통해 자기 내면을 성찰하고, 다시 쓰기를 통해 투사적으로 자기서사의 변화를 드러낸다.

(1) 사례: 「바리데기」 1차 다시 쓰기

오구대왕과 칠대부인이 부부의 연을 맺는다. 딸 여섯을 얻는데, 그 딸들은 각각 태어난 요일에 의해 신비로운 힘을 얻는다. 월요일에 태어난 첫째 딸은 달의 힘을, 화요일에 태어난 둘째 딸은 불의 힘을…… 그렇게 차례대로 물, 나무, 금, 땅의 힘을 얻는다.

하지만 오구대왕은 신비로운 힘을 가진 딸보다 자신의 자리를 계승할 왕자를 원했기 때문에 칠공주가 태어나자마자 버린다. 처음에는 청학, 백학 덕분에 죽지 않았다. 그런 모습을 본 오구대왕은 칠공주를 옥함에 넣어서 바다에 띄워 보내려고 했다. 하지만 그전에 첫째 딸이 태어나서 오구대왕을 막았다. 첫째 딸이 나서니 둘째 딸이 나서고, 둘째 딸이 나서니 셋째 딸이 나서서 막았다. 그렇게 차례대로 딸들이 오구대왕을 막으며 옥함을 열었다. 첫째 딸은 달의 힘을 담은 목걸이를, 둘째 딸은 불의 힘이 담긴 막대기를 주웠다. 그렇게 차례대로 칠공주는 조개껍데기, 화분, 금덩어리, 흙이 감싸진 종이를 넣어 주었다.

바다를 떠돌던 칠공주를 석가세존이 발견, 비리공덕 할미, 할비가 데려다 키운다. 어느 날 왕과 왕비가 병이 들어 칠공주인 바리를 찾는다. 바리는 약수를 구하러 간다고 하였지만 나머지 여섯 공주는 각자 사연을 말하며 거절한다. 바리가 남자 차림을 하여 길을 떠나려 할 때, 첫째 공주가 슬쩍 나와 바리가 두고 가려던 달의 힘이 담긴 목걸이(막대기, 조개껍데기, 화분) 등이 담긴 자루를 건네 주었다. 바리는 자신이 어렸을 때부터 곁에 있던 물건들을 자신의 언니들이 주었다는 것을 뒤늦게 깨달았다. 바리는 목걸이를 목에 걸고 막대기를 손에 들고 조개껍데기를 주머니에 넣고 그렇게 길을 떠났다.

바리가 호랑이가 준 낙화를 들고, 죄인들은 서방정토로 인도하고, 무상신선을 만나 백년가약을 맺고 칠형제를 낳아 약려수를 얻는다. 바리가 왕과 왕비를 살렸을 때, 바리가 오기를 기다리고 있던 여섯 언니(공주)와 함께 지옥(?) 저승으로 떠난다. 바리가 흙이 감싸진 종이를 여니 지상에 비루한 땅이 촉촉해지고, 저승엔 망자들을 바르게 인도하는 길이 생겼다. 조개를 꺼내니 지상엔 가뭄인 곳에 비가 내렸고, 저승엔 호수가 생기었다. 바리가 금덩어리를 만지니 살아오면서 업과 덕을 쌓은 이에게 재물 운이 생기고, 노잣돈이 없이 저승에 도착한 이에게 돈이 생기었다.

새싹이 자란 화분을 만지니, 나무가 다 베어져 삭막했던 산에 나무가 자랐다. 불의 힘이 담긴 막대기를 휘두르니 지상에 있던 악한 귀신을 물리쳤으며, 지상에서 저승으로 오도록 할 수 있기 위해 밝은 빛이 생겼다.

마지막으로, 바리가 목걸이를 만지니 지상에 아픈 자들에게 상처가 치료되고, 달에는 토끼가 생겨 지상에 있는 이들의 소원을 들어주도록 했다. 마지막으로 일요일에 태어난 바리가 자리에서 한 바퀴를 도니 환생이라는 것이 생겼다. 바리는 언니들과 함께 신이 되었고, 언니들은 바리 곁을 지켜 주고 수호해 주는 신이 되었다. 바리는 오구신이 되고 바리의 아들은 칠성이 되고, 오구신은 평토제 제사를 받게 되었다.

내담자의 「바리데기」 1차 다시 쓰기에 드러난 자아인식을 살펴보면 다음과 같다.

첫째, 비범한 존재로 출생했다는 인식이다. 각 딸의 출생을 통해 신비한 능력을 지닌 존재로 태어났다는 이야기를 만들었다. 딸이지만 각각 자신만의 재능과 비범함을 타고난 존재라는 인식이 드러난다.

둘째, 아버지에게 버림을 받고 협조자의 도움을 받는 부분에서 부모가 아닌 다른 존재에 대한 관계서사가 드러난다. 오구대왕이 바라던 아들을 얻지 못하자 일곱째 딸을 버리는 부분은 바리데기 이야기와 유사하다. 그런데 오구대왕이 바리데기를 버리려고 할 때 다른 딸들이 왕을 막아서는 이야기는 매우 특이한 부분이다. 그리고 바리데기를 위해 언니들이 자연의 힘을 담은 목걸이와 막대기, 조개껍데기, 화분, 금덩어리, 흙이 감싸진 종이 등을 넣어 주는 부분은 매우 의미 있는 부분이다. 자아의 다양한 모습을 상징하는 것들을 상징하고 있기 때문이다. 매우 상징적인 표현을 통해 바리데기가 다양한 힘과 능력을 내면에 품고 있는 존재로 인식하고 있다.

셋째, 성장의 길에 만난 협조자의 조력 부분을 통해 관계에 대한 긍정적 인식이 드러났다. 바리데기를 '칠공주'라고 이름 붙였다. 이 칠공주라는 이름은 앞에서 자신을 도와준 여섯 언니와의 연대를 의미하고 상징하는 이름이다. 이 부분에서도 구약 여정을 떠날 때 언니들이 이전에 주었던 여러 가지 물건들을 가지고 여정을 나서는 이야기로 전개된다. 바리가 남자 차림을 하고 떠나는 부분에서 강한 의지로 자신 앞에 놓인 길을 가겠다는 의지가 엿보이며, 언니들의 협조를 통해 그 의지는 강한 힘을 얻는 과정이 된다. 자아가 성장하는 과정에서 특히 청소년기의 또래 관계는 너무 중요하다. 내담자에게 여섯 언니와 같은 존재가 옆에 있어 힘든 성장의 길을 가는 힘이 된다는 것을 의미한다.

바리가 구약 여정을 마치고 칠형제를 낳고 약려수를 얻어서 왕과 왕비를 살리는 이야기에서 한 단계 더 나아간 서사를 펼친다. 바리를 기다리고 있던 여섯 언니와 함께 저승여행을 떠나는 것이다. 이는 무슨 의미인가? 이것은 여섯 언니와 함께 저승에서 고통받는 영혼들을 구원하는 일을 수행하는 여정이다. 자신을 버린 부모를 구하는 이야기에서 오구신이 되어 많은 영혼을 구원하는 영웅의 서사가 펼쳐진다. 무엇보다 혼자가 아니라 여섯 언니와의 동행이고 협조를 통한 상생의 서사를 전개한다.

넷째, 언니들과 함께 영웅이 되는 장면이다. 내담자는 다시 지상의 아픈 사람들을 치유해 주고 소원을 들어주는 영웅의 모습을 형상화하였다. 그리고 바리의 언니들은 바리 곁을 지켜 주는 신이 되었고, 바리는 오구신이 되는 이야기로 결말을 만들었다. 무엇보다 독창적인 부분은 언니들을 자신의 협조자로 그리고 같이 영웅이 되는 존재로 형상화한 것이다.

(2) 사례: 「바리데기」 2차 다시 쓰기

길대부인이 일곱째 아이를 낳았는데 이번에도 딸이었다. 오구대왕은 이번에도 딸이라는 사실에 크게 상심했다. 이윽고 아이가 보기 싫다며 오구대왕은 제 눈에 띄지 않게 하라며 자리를 떠났다.

부모에게 부정되었지만, 바다에 띄워진 채 버려지지 않은 바리가 10살쯤 되었을 때였다. 바리가 지나가는 시녀를 잡고

"내 아비가 누구냐?" 물으니,

"오구대왕입니다." 하고 답했다.

하지만 바리가

"내 아비가 오구대왕이라고는 하나 나는 내 두 눈으로 오구대왕을 본 적이 없어. 오구대왕이 진정 내 아비가 맞느냐?"

물으니, 시녀는 안절부절 못하다 대답도 못 한 채 떠났다.

바리가 다 컸을 때의 일이다. 오구대왕이 마음과 몸이 점점 수척해져 병석에 누웠다. 오구대왕이 이유를 물으니, 하늘이 내린 벌이라 하여 버려진 공주만이 오구대왕을 구할 수 있을 것이라 했다.

바리는 그 얘기를 듣고 곧바로 약수를 구하러 떠났다.

··· 전개와 내용이 설화 내용과 같음 ···

바리가 오구대왕을 살렸다. 오구대왕이 기뻐하며 무엇을 원하느냐고 물었다. 하지만 바리는 원하는 것보다 묻고 싶은 것이 있다고 했다.

"무엇이 궁금한가?"

오구대왕이 물으니 바리가 답한다.

"그대가 제 아버지입니까?"

그게 무슨 소리냐며 목소리를 키우려던 오구대왕이 쉴 새 없이 쏟아지는 바

리의 말에 멈칫했다.

"제가 딸이라는 이유로 제 존재를 부정하신 겁니까?"

"지난 수년간 절 찾지도 않으시더니 왜 이제야 절 필요로 하십니까?"

"그래도 내 가족이라고 목숨 걸고 약수를 구하러 갔지만, 너무나도 궁금하여 묻는 것을 참을 수 없었습니다."

"저는 단지 오구대왕 당신에게 마음에 들지 않는다는 이유로 버려진 겁니까?"

오구대왕이 아무 말도 하지 못하니,

"지금 제가 당신을 살렸다고 해서 상처받았던 저의 과거가 없어진 것은 아닙니다. 어쩌면 평생을 원망하거나 후회할 수도 있고, 당신이 왜 날 부정했는지 하루 종일 생각할 수도 있습니다."

바리가 묻는다.

"오구대왕, 아니 아버지는 제게 미안하십니까?" 물으니,

오구대왕이 눈물 고인 채 미안하다고 말한다. 그러면 됐다고 하고 바리가 떠나 오구신이 된다.

이후 부모에게 상처받은 자식에게 제 도리를 다하지 못하는 사람들의 영혼은 바리가 직접 보듬어 준다고 한다는 이야기가 전해진다.

내담자의 「바리데기」 다시 쓰기에 드러난 자아인식 양상을 분석하면 다음과 같다.

첫째, 딸이라는 이유로 눈에 띄지 못하게 하는 오구대왕을 그렸는데, 여기서 딸이라서 불공평함을 느꼈던 자아인식이 드러났다. 오구대왕이 딸이라는 이유로 아이가 보기 싫다고 눈에 뜨이지 않게 두리는 이야기로 시작하고 있다. 바리데기는 이전 이야기와 달리 태어나자마자 버려지는 게 아니라 대왕에게만 눈에 띄지 못하게 성장하는 이야기이다.

둘째, 버려지지 않는 바리 이야기를 통해서 이전과 다른 자아인식을 보여 준다. 바다에 띄워졌지만 버려지지 않았다고 묘사하고, 열 살 때 시녀에게 자신의 아버지가 누구인지를 묻는 것으로 이야기를 바꾸었다. 바리는 버려진 게 아니고 오구대왕의 눈에만 띄지 않게 자라고 있는 이야기로 바꾸었다. 자라는 동안 아버지를 보지 못하여 오구대왕이 아버지라는 사실을 믿지 못한다. 부모에게 자신의 존재를 인정받지 못했다는 표현을 통해 내적 상처를 묻는 아이로 자라는 모습을 그렸다.

셋째, 아버지를 위해 구약 여정을 '곧바로' 떠나는 부분에서 부모에 대한 태도가 바뀌었음을 알 수 있다. 이 부분에서 이전 바리데기와 같은 전개를 그대로 인용하였다. 오구대왕이 병이 들고 바리데기를 내쫓은 벌로 오구대왕이 병이 들고 바리데기는 그 이야기를 듣고 곧바로 약수를 구하러 떠났다고 서술하였다.

넷째, 부모에 대한 원망과 미움의 감정을 분출하는 부분에서 자신의 감정을 진솔하게 드러내고 마음을 풀어내는 관계 회복의 서사를 드러내고 있다. 오구대왕을 위해서 약수를 구해 오고 오구대왕을 살린 바리데기는 "그대가 제 아버지입니까?"라는 질문을 통해 그동안 마음에 품어 왔던 아버지에 대한 원망을 표현한다. 단지 딸이라는 이유로 자신의 존재를 부정하는 아버지에 대한 분노를 쏟아내고 그동안의 한을 풀어낸다. 자신의 존재를 부정하는 아버지에 대한 이유를 묻는 물음이지만 바리데기의 버림받은 마음속 고통을 털어놓고 있다. 바리데기가 아버지를 살렸다고 해서 과거가 없어지는 것은 아니라고 말하면서 평생을 당신을 원망하고 후회할 수도 있다고 말하는 이야기를 통해 자신이 아버지에게 하고 싶었던 진실의 속마음 이야기를 털어놓고 있다.

다섯째, 아버지를 살리고 사과를 받는 서사에서 과거의 상처를 회복하고 자아성장을 이루는 부분이다. 바리데기의 말을 통해서 자신이 부모에게 하고 싶은 말을 표현하고 있다. "아버지는 제게 미안하십니까?"라고 물으면서 오구대왕이 눈물이 고인 채 미안하다고 사과하고 화해하는 장면으로 바꾸었다. 그리고 상처받은 자식에게 제도리를 다하지 못하는 사람들의 영혼을 보듬어 주는 오구신이 되었다는 결말로 서사를 마치고 있다. "그러면 됐다."라는 바리의 말은 아버지를 포용하는 말이기도 하다. 자신의 잘못을 뉘우치고 인정하는 아버지를 통해 과거의 상처를 치유하고 새로운 관계로 나아가는 시작점을 이루고 있다. 다시 쓰기를 통해 그동안 마음속에 품었던 아버지에 대한 원망과 거부의 서사를 다시 쓰기라는 문학치료적 장치를 통해 카타르시스를 경험하고 있다. 실제 자신의 아버지에게 받고 싶은 사과와 용서의 화해를 통한의 관계 개선을 오구대왕의 사과와 바리데기의 용서하는 장면을 통해 이루고 있다.

3) 시 쓰기

내담자는 시 쓰기 활동을 통해 작품에 빠져들어 작품 속의 인물에게 감정이입을 하고 자기 정서를 표현하게 된다. 시 쓰기는 인물에 대한 자기 감정을 시적인 표현 방법을 통해 상징적으로 표현하는 활동으로서 내담자의 마음속 깊은 곳에 있는 감정을 배설하고 카타르시스를 얻는 효과가 있다. 문학치료 프로그램 중에 시 쓰기 활동은 내담자의 진술하고 심층적인 내면의 감정을 드러내어 스스로 자기 내면을 성찰하는 문학치료적 가치를 구현한다. 내담자는 자기 부모화된 삶에서 느끼는 익눌던 감정을 시라는 문학적 은유를 통해 겉으로 표출하게 된다.

(1) 사례: 시 쓰기

바리에게

미워도 고와도 내 가족이라지만
진정 그들이 가족이었는지 묻고 싶다.
결국 부모와 형제를 용서한다지만
용서하지 못할 거 같았는지 묻고 싶다.

자신만이 버림받은 채
지내 오던 그 세월이 쓸쓸하지 않았는지
묻고 싶다

오구신이 되어 떠났다지만
이 이야기를 읽는 나는
정녕 괜찮았는지 묻고 싶다.

4) 인물에게 편지 쓰기

내담자는 인물에게 편지 쓰기 활동을 통해 작품의 인물에 대해 공감하
고 자기 삶을 성찰하는 시간을 가질 수 있다. 편지 쓰기 활동을 통해 내담
자가 작품 속 인물의 삶에 공명작용을 일으켜 자기 삶을 성찰하게 된다.
내담자는 편지 쓰기 활동을 하며 문학치료 프로그램을 마무리하면서 전체
적인 내용을 돌아보고 작중 인물에게 완전히 몰입되어 자기 공감하는 마
음을 전한다. 이러한 인물에게 편지 쓰기를 통해 내담자는 그동안 이루어

진 자아변화를 스스로 인식하고 자기변화된 자기서사를 드러내게 된다.

(1) 사례: 인물에게 편지 쓰기

안녕하세요. 심청님!

댁은 평안하신가요?

심청님! 심청님은 태어나서부터 불우한 환경에서 자란 분이신데도 불구하고⋯⋯.

성공하셨어요!

너~무 부럽다! 아마 힘든 시간이 있었기에 그런 거겠죠?

아니, 말⋯⋯ 좀⋯⋯ 불편하니깐 반말할게!

솔직히 네가 어릴 때 엄마 없이 아빠를 봉양했잖아?

그런 거 보면 조금 '당연한 건가?' 싶기도 했어.

솔직하게 말해서 당연히 부모님이 낳아 주셨으니까 그래야 한다고 생각했거든⋯⋯.

그런데 내가 다른 사람을 보면 다들 그런 건 아니더라고⋯.

네가 참 대단한 것 같아.

그럴지만 뭔가⋯⋯ 공양미 삼백 석 때문에 죽음을 택한 건 좀 안타까웠어.

물론 네가 다시 태어나게 된 계기지만⋯⋯.

그래도 요즘 널 보면 대단한 것 같아! 멋있어!

그리고 그냥 너 대단해!!!

5) 랩 가사 쓰기

내담자는 랩 가사 쓰기를 통해 랩 가사 형식을 빌려 내담자 자기 내면의 감정을 노골적으로 드러내어 카타르시스를 얻는 활동을 전개했다. 노래 가사의 가치를 통해 자기 내면에 담긴 숨겨진 감정이나 기억을 겉으로 쏟아내어 내담자의 내면이 치유되는 활동이다. 특히 랩 가사 쓰기는 후기 청소년기 문학치료 과정에서 자기성장 과정의 아픔을 진솔하고 적나라하게 표출하는 효과를 보여 주었다. 문학치료 상담 과정에서 미처 말하지 못했던 내담자의 심층 내면의 문제가 겉으로 터져 나오는 문학적 카타르시스와 억눌린 무의식적 내면의 상처가 겉으로 드러나 스스로 직면하고 객관화하는 치료적인 효과가 있다.

(1) 사례

15 years

난 나한테 뭐라고 하는 사람이 제일 싫어~
특히나 어린아이라고 함부로 하는 사람 싫어했어.
그래서 지금도 어린이라도 서로 존중하고
예의를 차려야 한다고 생각해
잘 되려나 모르겠지만 그래도 자신이 들어서
괜찮다 치부해서 이상한 말만 하지 않으면 되지 않을까?
(다리 밑에서 주워왔다든지~)
이상한 애였던 나랑 친구가 돼 줬던
너희들에게 땡큐땡큐
내가 싫어하는 애들은 노 땡큐~

내담자는 랩 가사 쓰기 활동을 통해 자신이 어린 시절 부모에게서 받았던 마음의 상처를 떠올리고 있다. 어린 자신에게 함부로 말하고 대했던 부모에 대한 원망이 나타난다. 다리 밑에서 주워 왔다는 말이 상처가 되어 가슴에 남아 있다. 자신을 존중하고 부모로부터 따뜻한 사랑과 관심을 받고 싶었다는 슬픈 외침이다. 자신을 이상했던 아이라고 이야기하는 내담자의 자아상이 드러나 있다. 평소에 가족을 신뢰하지 못하고 자신만의 세계로 숨어 버리는 회피적인 자기서사의 원인이라고 할 수 있다.

✸미술치료 기법 활용 활동

　　문학치료 프로그램의 효과를 더욱 배가하기 위하여 다양한 미술치료 기법을 활용한다. 미술치료 기법을 활용한 투사 활동으로 동적 가족화 (Kinetic Family Drawing: KFD), 물고기 가족화, 빗속의 사람 그림, 자화상 그림, 동적 집-나무-사람 그림(K-HTP)을 활용하여 문학치료 프로그램과 연관하여 내담자의 심층 내면을 투사적으로 표현하게 한다.

1) 동적 가족화

　　동적 가족화(KFD)는 피검자가 '자신을 포함한 가족이 무언가를 하는 모습을 그림'으로써 본인과 나머지 가족 간의 관계, 가족의 전반적인 역동이 피검자에게 어떻게 지각되는지를 알려 주는 도구이다. 청소년을 대상으로 한 동적 가족화에서 인물상들의 '행위'는 '부모상'과 '자기상' 간에 혹은 '사람'과 '사물' 사이의 에너지의 흐름과 가족의 전체적 역동성을

반영해 준다. 역기능적 가족관계 및 상호작용 특성에 대한 청소년의 투
사를 그대로 표현해 주는 수단이 되며, 가족으로부터 느끼는 정서적 갈
등과 문제를 이해하는 데 임상적으로 유용함을 시사해 준다.

이 활동은 문학치료 프로그램과 결합하여 부모화된 청소년의 가족 체
계와 역기능적인 가족 간의 역동성과 상호작용을 이해하고 문학치료 프
로그램을 전개하는 데 바탕이 되는 투사적 기능을 한다. 특히 부모화된
청소년의 부모화된 삶의 모습을 동적 가족화를 통해 표현함으로써 심리
적 진단검사와 아울러 내담자가 부모화된 청소년임을 잘 드러내게 된다.
동적 가족화 그림 그리기 활동은 부모-자녀 관계의 문제를 여실하게 투
사적으로 표현하여 부모화로 인한 심리적 어려움을 잘 인식하게 해 준다.

(1) 사례

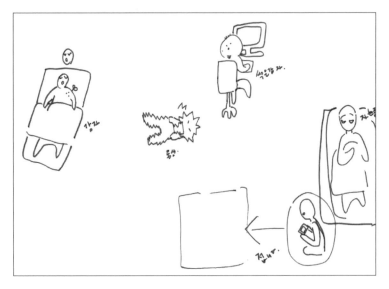

[그림 6-2] 동적 가족화

내담자의 동적 가족화에는 가족관계와 자아상이 투사되어 있다. 잠을 자는 부모와 뿔뿔이 흩어져 있는 형제들의 모습에 내담자의 가족에 대한 인식이 드러나 있다. 내담자는 어머니 옆에서 게임을 하는 모습을 그렸다. 왼쪽에 가장 가족관계의 중심에 아버지가 자고 있다. 위에는 오빠가 게임을 하면서 남동생을 보고 욕하는 모습을 그렸다. 가족 구성원이 모두 뿔뿔이 제멋대로 하고 있다. 소통을 전혀 하지 않는 모습이다. 예전의 가족화에서 별로 변함이 없다. 모두 묵묵히 쉬고 있다. 힘들고 지친 부모와 외로운 자녀들이다. 그중에서도 내담자는 가장 아래에 그려져 있다. 무기력하고 우울한 자아를 보여 준다.

2) 물고기 가족화

물고기 가족화는 가족에 대한 인식을 투사하기 위해 그리게 한다. 자신에게 가족은 어떤 의미인지 물고기 가족화를 통해 표현하는 것이다. 물고기 가족화는 가족 내의 역동성을 찾아볼 수 있다. 특히 물고기로 가족을 투사하기 때문에 심리 내적 저항 없이 가족 간의 갈등과 자아의식을 엿볼 수 있다.

이 활동을 문학치료 프로그램과 결합할 때, 가족 안에서의 갈등과 상호작용을 상징적으로 표현하고 내담자의 자아변화를 투사적으로 표현하여 문학치료를 통해 이루어진 내담자의 자기서사 변화를 뚜렷이 부각하는 다원적 방법으로 활용하게 된다.

(1) 사례: 물고기 가족화

[그림 6-3] 물고기 가족화

　내담자의 물고기 가족화에는 현재 가족에 대한 인식이 잘 드러나 있다. 우선 자신을 왼쪽 위 끝에 가장 의미 있게 그렸다. 현재 자기 자의식이 성장했음을 보여 준다. 바쁘게 달려 가는 모습이다. 상어로 그려진 아버지는 거북이로 표상된 오빠를 공격하는 모양새이다. 할아버지와 할머니는 사이좋게 보호막 속에서 서로를 보듬고 있다. 실제로 할머니와 할아버지는 안방에서 두 분이 지내시는데, 사이가 좋다고 한다. 아버지의 공격으로부터 두 분이 무사하기를 바라는 마음이 담겨 있다. 특히 오빠를 거북이로 묘사한 것은 아버지가 아무리 주둥이로 공격을 해도 딱딱한 껍질로 방어할 수 있게 그렸다. 모든 가족이 아버지라는 상어로부터 자신을 방어하는 모습이 인상적이다. 어항에 물이 가득 차지 않은 것으로 보아 아직은 내적 어려움이 엿보이나 당당하게 자기 갈 길을 가는 모습으로 표현하였다.

　또한 물고기 가족화에는 새롭게 변화한 자아상이 잘 드러나 있다. '난 자유로워. 나의 길을 가리.'라는 자아성장의 모습이 드러나 있다. 특히 가족으로부터 거리를 두고 자기 갈 길을 향해 빠르게 나아가는 모습이다. 예전과 달리, 할머니, 할아버지 그리고 늘 내담자를 힘들게 하는 아버지의 공격에서 벗어나 자기 앞길을 향해 나아가는 모습이다. 자신을 맨 먼저 그리고 왼쪽에 그려서 자신감 있게 앞으로 나아가는 모습을 통해 건강하게 자아가 성장하고 있음을 표현하고 있다.

3) 빗속의 사람 그림

빗속의 사람 그림은 투사적 그림 검사 중 하나이다. 스트레스와 스트레스 대처 능력을 평가하는 대표적인 투사적 검사이다. 피검사자에게 A4 크기의 종이 한 장과 연필 그리고 지우개로 빗속의 사람을 그리도록 지시하고, 비가 오는 상황에서 그림 속 사람이 어떻게 대처하는지를 본다. 이는 스트레스와 그에 대한 대처 자원을 알아보는 그림 검사로 활용된다. 비라는 요소는 은유적으로 외부 곤경, 스트레스를 의미하고, 그러한 스트레스 상황에서 피검사가 어떻게 자신을 보호하고 환경을 통제하는가를 알아볼 수 있다. 이 활동을 문학치료 프로그램과 결합할 때 내담자의 자아성장의 변화와 내담자의 자기서사 변화를 투사적으로 표현하여 현재 내담자의 삶의 고민과 스트레스 양상과 그러한 어려움을 어떻게 받아들이는지 문학치료 과정에 따른 자기서사 변화 양상이 드러난다.

(1) 사례

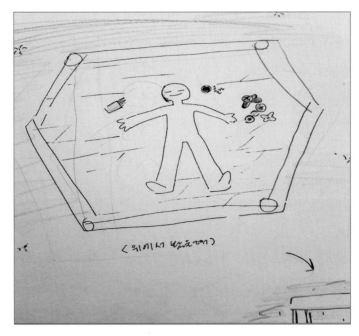

[그림 6-4] 빗속의 사람 그림

내담자는 비를 피해서 정자 그늘 안에 누워 있는 자신을 위에서 바라 보는 모습을 그렸다. 밖에는 비가 오지만 자신은 정자 안에서 한 손에는 과자와 음료수를 옆에 두고 팔과 다리를 벌리고 누워있다. 비를 피하고 있지만, 아무것도 하고 싶지 않은 무기력함도 보인다. 이 내담자는 현재 인문계 고등학교를 진학했지만, 공부에는 뜻이 없다. 그냥 편하게 게임 만 하고 쉬면서 지낸다고 하였는데, 내담자의 삶의 무기력과 우울한 삶 이 그림을 통해 드러난다.

4) 동적 집－나무－사람 그림

동적 집-나무-사람 그림은 다양한 투사 그림의 유용한 면을 하나의 종이 위에 표현했다고 해도 무방할 것이다. 집, 나무, 사람을 한 장의 종이 위에 그리게 하는 동적 집-나무-사람 그림은 집, 나무, 사람 각각에서 얻을 수 있는 정보가 한 장의 종이 위에 그려짐으로써 나타나는 서로 간의 상호작용, 운동성이 첨가되어 나타난 피검자의 역동성 등을 모두 함께 알아낼 수 있다. 질적 · 양적으로 깊고 다양한 정보를 제공한다.

이 활동을 문학치료 프로그램과 결합할 때 문학치료 마무리 과정에서 그동안 이루어진 문학치료 결과 내담자의 자아변화와 자기서사의 변화가 뚜렷이 드러나게 된다.

(1) 사례

[그림 6-5] 동적 집－나무－사람 그림

내담자의 현재 자아상을 살펴보고자 동적 집－나무－사람 그리기 활동을 시행했다. 친구들과 옆에 같이 살고 싶어서 방이 여러 개 있는 집을 그렸다. 정원에는 나무가 있고, 새들이 지저귀고 많은 사람이 모여

사는 도시를 그렸다. 마당에는 귀여운 강아지와 친구들과 즐겁게 지내는 모습이 자신이 꿈꾸는 미래라고 한다.

초기
문학치료 프로그램

7

초기 문학치료 프로그램

✱ 시작하기

첫 회기는 문학치료의 출발점이다. 초기 청소년기 문학치료의 시작점에서 부모화된 청소년내담자들에게 문학치료 프로그램에 대한 안내와 함께 부모화된 청소년 문학치료 텍스트를 소개한다.

[그림 7-1] 심청전(휴머니스트, 2013)

내담자는 문학치료 초기 청소년기 프로그램의 텍스트로 「심청전」을 안내받고 텍스트를 이해하는 활동을 하게 된다. 이 단계에서 가장 중요한 것은 내담자기 텍스트를 흥미 있게 받아들이는 과정이다.

부모화된 청소년에게 「심청전」은 자기 삶을 성찰하고 탐색하게 할 수 있는 문학치료 가치가 높은 작품이다. 특히 이야기를 좋아하는 청소년의 특성에 잘 맞는 작품이다. 첫 회기에서 「심청전」을 소개하고 같이 읽으며 자연스럽게 이야기 속으로 빠져들도록 이끌어야 한다. 「심청전」은 구비문학으로서 이본도 많고 텍스트도 다양하니 청소년용으로 출간된 고전 읽기 시리즈에서 마련하는 게 좋다. 판소리 문학의 특성상 내용도 천차만별이고 그 내용 또한 다양하기 때문이다.

실제 문학치료 과정에서 내담자는 옛이야기로만 듣던 「심청전」을 새롭게 접하면서 이야기 속에 자기 삶을 투영하게 된다. 상담자는 내담자들이 자연스럽게 작품 속으로 빠져들 수 있도록 이야기를 안내하고 작품이 문학치료 상담 장면에서 쓰인다는 것을 소개한다.

❋ 2회기 가족과 나의 관계 돌아보기

2회기는 가족과 자기 관계를 성찰하는 진단 활동으로 이루어진다. 내담자에 대한 부모화 정도와 부모-자녀 관계 애착유형을 진단하는 평가가 이루어진다.

진단 평가 자료는 내담자가 문학치료 프로그램에 적합한지를 판단하고 내담자의 치료 방향을 설정하는 근거 자료로 활용된다. 특히 내담자의 부모화 정도와 부모-자녀 문제의 심각한 정도를 이해하고 문학치료 프로그램 준비를 위한 기초 단계에 해당한다.

1) 부모화 검사

부모화 검사는 청소년용 부모화 검사진단지를 선택하여 실행하게 된다. 부모화 영역 중 물리적 부모화, 정서적 부모화, 불공평 영역으로 검사 결과가 나온다. 부모화된 청소년의 경우 각 영역의 점수가 유의미하게 나올 수 있지만 각 개인별 상황별 차이가 있어서 영역별 점수 차이가 다르게 나올 수도 있다.

(1) 사례 1

〈표 7-1〉 내담자의 부모화 검사 결과표

구분	물리적 부모화	정서적 부모화	불공평
점수	36점	26점	32점

내담자는 물리적 부모화 점수와 불공평 점수에서 높은 상관성이 나타냈다. 실제로 할머니를 돌보는 정서적 부모화 경험을 하고 있어서 정서적 부모화와도 높은 상관성이 있어 보이나 정서적 부모화 점수는 26점이다. 이는 정서적 부모화 관련 설문 내용 중 부모의 갈등에 대한 개입 여부를 묻는 삼각관계와 관련된 질문에 응답하지 않았기 때문으로 보인다. 이를 제외하고는 정서적 부모화가 매우 심한 편이다. 할머니가 거꾸로 내담자에게 정서적으로 많이 의존하고 있다. 불공평 부분에서도 부모에게 전혀 양육이나 보살핌을 받지 못하고 거꾸로 어머니를 배려해야 하는 상황에 대한 반응에서 유의미한 결과가 나왔다.

(2) 사례 2

〈표 7-2〉 내담자의 부모화 검사 결과표

구분	물리적 부모화	정서적 부모화	불공평
점수	30점	24점	34점

내담자는 문학치료 사전 진단검사로 시행한 부모화 검사에서 전 영역에서 매우 높은 부모화 점수가 나왔다. 아버지를 돌보고 모든 집안일을 어려서부터 해서인지 물리적 부모화 점수가 높게 나왔고, 정서적 부모화 점수는 어머니가 없어서 부모의 갈등에 정서적으로 관여하는 삼각관계 점수 문항을 응답하지 못해서 다소 낮지만 실제로는 정서적 부모화 경향이 높다고 여겨진다. 아버지가 마치 아이처럼 내담자에게 집착하고 매달리는 관계이기 때문이다. 특히 불공평 부분 점수가 높게 나타났다.

(3) 사례 3

〈표 7-3〉 내담자의 부모화 검사 결과표

구분	물리적 부모화	정서적 부모화	불공평
점수	24점	17점	24점

　　내담자 3은 문학치료 사전검사인 부모화 검사에서 각 영역별로 유의미한 부모화 정도를 드러내었다. 다문화가정의 자녀로서 3남매 중 딸이라는 이유로 집안일을 어려서부터 하고 있어서 물리적 부모화 점수가 높게 나왔다. 그런데 정서적 부모화 점수를 보면 당시 내담자는 부모와 정서적으로 전혀 소통하지 못하는 가족 체계의 특성상 정서적 단절을 경험하고 있어서 부모의 갈등이나 자신에 대한 기대를 거부하고 있어서 점수가 낮게 나왔다. 불공평 부분에서 딸로서 느끼는 부당함을 강하게 가지고 있어서 점수가 유의미하게 나왔다.

2) 애착유형 검사

애착유형 검사는 부모화된 청소년의 부모-자녀 관계를 알아볼 수 있는 의미 있는 검사이다. 특히 부모화된 청소년처럼 왜곡된 부모-자녀 관계를 형성하고 있는 경우 더욱 그 문제가 있을 수 있다.

(1) 사례 1

내담자는 애착유형 검사에서 관계에 집착하는 불안정 애착유형으로 나타났다. 실제 학교에서 1학년 때부터 학급회장을 맡고 항상 학급 친구들을 돌보며 다른 사람에 대한 배려를 잘하고 교사들에게도 매우 의젓하고 바른 태도를 보여 주고 있다. 중학교 3학년 때 총학생회장을 맡아서 헌신적으로 학교 일에 매진하면서 항상 최선을 다하는 모습을 보여 주었다. 그리고 그렇게 다른 사람들과 어울리고 사회적인 활동을 하는 것을 좋아한다.

바살러뮤와 호로비츠(Bartholomew & Horowitz, 1991)의 관계 질문지를 시행한 결과, 집착유형으로 나왔다.

> 나는 내가 다른 사람들과 감정적으로 아주 가깝게 지내기를 원하지만 다른 사람들은 종종 내가 원하는 것만큼 나와 가까워지는 것을 주저하는 것 같다. 친밀한 관계를 맺지 못하고 있는 것이 불편하지만 때때로 내가 그들을 중요하게 느끼는 것만큼 그들이 나를 중요하게 여기지 않을까 봐 걱정된다.

(2) 사례 2

내담자는 애착유형 검사 결과 불안정 애착유형 중 회피유형으로 결과가 나왔다. 내담자는 학교생활에서는 매우 밝고 모범적인 학생으로 즐겁게 생활하는 것으로 보이지만, 가정에서 아버지로 인한 내적 갈등과 어려움으로 힘들어하고 있다.

바살러뮤와 호로비츠(Bartholomew & Horowitz, 1991)의 관계 질문지를 시행한 결과, 회피유형으로 나왔다.

> 나는 다른 사람들과 가깝게 지내는 것이 불편하다. 감정적으로 친밀한 관계를 맺고 싶지만, 다른 사람들을 완전히 신뢰하거나 그들에게 의존하기가 어렵다. 다른 사람들과 가까워지게 되면 상처를 입을까 봐 걱정된다.

내담자는 불안정 애착 회피유형으로 어린 시절 어머니를 잃고 정서적으로 어려움을 겪은 유형이다. 다섯 살 이후 어머니가 돌아가시고 양육환경은 불우하다. 주로 아버지의 정서적 불안정한 양육환경으로 인한 것으로 보인다. 어린 시절의 양육환경으로 인해 불안해하는 심리적 문제가 드러났다. 내담자는 타인에게 의지하고 불안해하는 모습을 보인다. 겉으로 공격적인 면을 드러내지는 않고 있지만, 타인에게 의지하고 불안에 반응한다. 어려서는 아버지의 집착으로 인해 힘들면서도 아버지에게 의존하고 순종적인 면을 보여 주려고 노력하는 모습을 보였다. 학교에서도 친구들과 잘 지내려고 하지만 결국 원만하지 못하고 항상 자신이 다른 사람을 위해 희생한다고 생각한다. 그리고 자신이 사람들에게 사랑받기 위해 최선을 다하지만 늘 마음은 외롭다.

(3) 사례 3

내담자는 애착유형 검사에서 불안정 애착 중 무시형으로 나왔다. 실제 학교생활에서 친구 문제로 고민이 많다. 어려서 다문화가정 자녀라는 이유로 다른 아이들에게 왕따를 당한 경험이 있어서 더욱 친구 관계에 집착한다. 바살러뮤와 호로비츠(Bartholomew & Horowitz, 1991)의 관계 질문지를 시행한 결과, 무시유형으로 나왔다.

> 나는 다른 사람들과 감정적으로 가깝게 지내지 않는 것이 편하다. 독립심을 느끼고 자기 충족감을 느끼는 것이 나에게는 중요하다. 나도 다른 사람에게 의존하지 않고, 남들도 나에게 의존하지 않는 것이 좋다

내담자는 불안정 애착 회피유형으로 어린 시절 아버지로 인한 상처와 어머니의 무관심으로 인해 다른 사람의 욕구나 관심을 거부하는 유형이다. 조선족인 어머니로 인해 다문화가정 자녀의 특성을 나타내고 있으며 정서가 불안정하고 어려서부터 부모의 양육을 제대로 받지 못했다. 특히 부모의 불화와 갈등으로 인해 어려서부터 가족관계가 매우 불안정하고 제대로 돌봄을 받지 못하여 불행하다.

내담자는 어린 시절의 양육환경으로 인해 다른 사람과의 관계를 거부하고 내면으로 숨어 버리는 유형이다. 조선족인 어머니가 항상 아들과 차별하고 아버지도 아들과 차별해서 불공평이라는 부모화 경험을 함으로써 가족에 대해 매우 부정적인 정서를 가지고 있다. 가족에 대한 신뢰나 애정이 매우 부족한 사례이다.

✱ 3회기 동적 가족화 그리기를 통한 가족 체계 인식하기

　부모화된 청소년의 가족 안에서의 심리적 역동과 자아상을 가장 상징적으로 알 수 있는 초기 단계 활동으로 동적 가족화 그리기를 실행할 수 있다. 동적 가족화는 가족이 움직이는 활동을 그리는 가족화이다. 이 그림에는 내담자에게 가장 의미 있는 가족은 누구인지, 자신은 그 가족 구성원 속에서 어떠한 위치를 차지하고 있는지가 투사적으로 드러난다. 그림 속에서 내담자의 위치와 가족 간의 거리와 중심 인물과의 위치 등이 눈여겨보아야 하는 요소이다. 이러한 동적 가족화 그리기 활동은 가족 그림을 통해 가족과 가족 구성원 사이의 관계 및 역동성에 대한 내담자의 지각을 이해하고, 내담자의 자아개념이나 대인관계 갈등 등의 정서적 특성을 파악할 수 있다. 내담자는 동적 가족화를 통해 내담자 가족 관계의 역동과 자아개념을 표현하게 된다. 상담자는 이 동작 가족화를 통해 내담자의 부모화 경향, 부모화로 인한 가족관계의 재해석 및 부모화된 삶을 직면하게 하는 출발점을 엿볼 수 있다.

(1) 사례 1

[그림 7-2] 내담자의 초기 동적 가족화

  동적 가족화 속에 내담자의 가족에 대한 인식이 나타나고 있다. 가족이 활동하는 모습을 그리라고 했는데, 제일 먼저 외할머니를 그렸다. 나중에 그리다 보니 자신이 할머니보다 더 크게 그려졌다고 한다. 처음에 어머니와 아버지, 언니는 아예 가족으로 떠오르지 않았다고 한다. 보통 가족화에서 중요한 인물을 먼저 그리는데, 내담자에게 가장 중요한 가족은 부모가 아닌 외할머니이다. 그리고 주목할 것은 외할머니보다 왼쪽에, 그것도 자신을 외할머니보다 크게 그린 것에 집중해야 한다. 그리고 외할아버지는 아주 작게 침상에 누워 있는데 외할아버지는 당시 병환이 깊어져서 매우 위중한 상태였다. 그리고 외할아버지에 대해 귀찮지만 그렸다고 가족화에 써 넣었다. 최근에 외할아버지가 병환으로 돌아가시자 실제 어린 시절 자신의 아버지 역할을 한 외할아버지를 잃은 슬픔에 잠겼다.

(2) 사례 2

[그림 7-3] 내담자의 초기 동적 가족화

　내담자의 동적 가족화에는 가족관계 역동과 내담자의 자아상이 표현되어 있다. 무엇보다 가장 왼쪽에 내담자에게 의미 있는 사람으로 돌아가신 어머니가 고기를 굽는 모습을 그렸다. 돌아가신 어머니가 자기를 위해 고기를 굽고 있는 장면을 그렸다는 것은 내담자의 심리적 소망을 상징한다. 얼굴은 가려져 있지만, 어머니에 대한 애정이 느껴진다. 맨 위에 아기처럼 잠을 자는 사람은 아버지다. 가장 의지해야 할 아버지를 위에 그리긴 했는데 작고 잠을 자고 있어서 내담자에게는 도움이 되지 않는 존재로 보인다. 내담자의 가족화는 가족 체계를 매우 뚜렷이 비춰 주고 있다. 돌아가신 어머니를 가슴 속에 그리워하며 가장 삶의 중요한 존재로 남아 있고, 자신을 전혀 돌보지 못하는 아버지를 아이처럼 인식하고 오히려 자신이 돌보아야 하는 존재로 인식하고 있다. 다행히 할머니와 할아버지의 관심과 사랑을 받는 모습을 드러내고 있으며, 오빠와는 밀접한 관계를 맺고 있음을 보여 준다. 특히 식탁은 대화와 연대를 상징하고 있는데, 모든 가족이 아버지를 제외하고 연대하고 대화하는 모습을 그렸다는 점이 주목할 만하다. '끄윽' 하고 트림하는 자기 모습은 그 가족 체계 안에서 만족감을 드러내고 있다. 단지 위에서 잠을 자는 아이로 그린 아버지는 가장 부담스러운 존재이다.

(3) 사례 3

[그림 7-4] 내담자의 초기 동적 가족화

내담자는 동적 가족화 그리기 활동에서 가족을 동물로 상징적으로 그렸다. 어머니는 늘 힘들어도 참으며 피곤해서 잠을 자는 모습이 동굴에서 쉬는 곰으로 보이고, 아버지는 새처럼 머리가 나쁘다고 했다. 남의 맘도 모르고 조잘대는 참새 같다는 것이다. 오빠 역시 생각 없이 날뛰는 물고기 같고, 남동생은 늘 시끄럽게 짖어대는 강아지 같다고 한다.

내담자가 유일하게 의지하는 인간관계는 친구들이며, 친구에게 항상 관심이 많다. 가족화 그림에서 자기 가족을 동물로 우화적으로 표현하면서 늘 잠을 자는 어머니를 곰으로 표현했고, 철없고 생각 없는 아버지를 머리가 나쁜 새로 그렸다고 한다. 자신이 제일 싫어하는 오빠는 물고기로 그려서 자신과 멀리하고, 어린 남동생을 자신 옆에 장난치는 모습으로 그려서 가족관계에서 내담자는 외롭고 가족이 싫다.

✽ 4회기 나의 삶 직면하기

4회기는 「심청전」 작품서사와 내담자의 자기서사가 공명하고 반응하는 문학치료 프로그램의 본격적인 단계이다. 「심청전」을 바탕으로 작품 이해를 통한 통찰과 자기 이해를 촉진하는 문학치료 단계로 들어간다.

4회기에서는 「심청전」을 전체적으로 읽고 나서 '마음이 움직이는 장면 그리기'와 '인물에 대한 나의 이야기' 활동을 전개한다. 본격적으로 작품서사 장면과 관련한 문학치료 집단상담 활동을 시작하기 이전에 「심청전」 작품 내용 중에 내담자가 「심청전」 작품을 읽고 마음속에 남은 장면을 그려 보는 활동이다.

1) 활동 목표

내담자가 작품을 전체적으로 읽고 가장 마음이 움직이는 장면 그리기 활동을 통해 작품서사의 모티프가 내담자의 자기서사를 움직이게 하는 내용을 투사적으로 표현하는 단계이다. 이 활동은 내담자의 삶과 작품서사의 인물과의 삶이 연결되는 접속점을 보여 주는 의미가 있다. 즉, 인물의 삶을 보면서 내담자의 깊은 무의식적 갈등과 욕구가 겉으로 드러나는 부분으로서 내담자가 그러한 심층심리를 그림으로 표현함으로써 더욱 자기 내면을 스스로 통찰하는 계기를 마련하게 된다.

2) 활동 전개

- 내담자들은 「심청전」 내용 중 가장 인상적인 부분이 어디였는지 떠올려 본다.
- 상담자는 내담자들에게 「심청전」을 읽고 전체 작품 내용 중 가장 자기 마음을 끌게 하는 장면을 떠올리게 하고 그 장면을 그리게 한다.
- 내담자들은 각자 마음이 움직이는 장면을 떠올리며 화지에 그림을 그린다.
- 그림을 다 그린 후 상담자는 내담자들이 그림을 그린 이유에 대해 서로 돌아가면서 이야기를 나누도록 한다.
- 상담자는 내담자들에게 서로의 이야기에 경청하고 공감하는 반응을 하도록 격려한다.

3) 활동 사례

(1) 마음이 움직이는 장면 그리기

① 사례 1

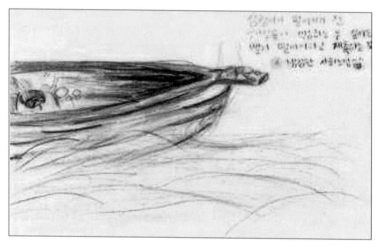

[그림 7-5] 심청이 인당수에서 떨어지기 직전 뱃머리에 서 있는 장면

내담자는 심청이 배에서 떨어지기 전에 뱃사람들이 걱정하면서도 빨리 떨어지라고 재촉하는 장면을 그렸다. 그림 속에 심청은 거의 보이지 않는다. 평소에도 다른 사람을 지나치게 의식하는 경향이 있는 내담자는 세상을 냉정한 사회로 인식하고 있으며, 그 세상의 법칙 속에서 자기 설 곳을 찾지 못하고 불안해하는 자기서사를 지니고 있음을 알 수 있다.

> 내담자: 되게 막 사회에서도 학교에서도 막 걱정하는 척하면서도 냉정하잖아요.
> 매우 불안했을 것 같아요. 아, 근데 떨어지기 직전에 이제 불안이 가장 컸을 것 같고, 두 번째가 아버지에 대한 걱정이 컸을 것 같아요.

② 사례 2

[그림 7-6] 어린 심청이 심봉사를 돌보는 장면

내담자는 본격적으로 작품서사와 관련한 문학치료 집단상담 활동을 시작하기 이전에 「심청전」 작품 내용 중에 마음속에 남은 장면을 그렸다. 이를 통해 작품서사의 모티프가 내담자의 자기서사를 거울로 비추어 자기 삶을 인식하게 한다. 내담자는 다섯 살 때 어머니가 돌아가셔서 아버지와 살고 있다. 심리적으로 아버지와 매우 밀착되어 있으며 아버지가 지나치게 딸에게 집착하고 불안해하고 있다. 실제로 내담자는 자기 아버지가 심봉사를 닮았다고 했다. 늘 자신에게 투정을 부리는 아버지에게서 벗어나고 싶다고 하면서도 그런 아버지를 보살펴야 한다고 생각한다. 특히 이 장면은 다섯 살 때 아버지가 밤중에 술을 먹고 와서 자신에게 안마시킨 장면을 그렸다. 내담자에게 아버지는 심봉사 같은 아버지이다.

이 장면에서 내담자는 부모화된 자기 삶을 당연시하는 태도를 보인다. 투사적으로 자기 삶을 「심청전」 장면으로 표현하고 있다. 아버지가 심청을 너무 믿는 것 같다고 이야기하면서 어린 나이에 아버지를 돌보는 모습을 떠올려서 그렸다. 자신이 다섯 살 때 새벽에 술을 먹고 온 아버지가 어깨를 주물러 달라고 했던 일을 아직도 기억하고 있다. 심봉사를 돌보는 심청의 모습을 자기 모습과 동일시하여 투사하고 있다. 여기서 내담자가 부녀간의 모습이 다정해 보인다고 말하고 있는 것은 아버지와의 관계가 매우 밀착된 상태임을 말해 준다.

> 내담자: 왜냐하면 나이도 어리잖아요. 근데 매일 같이 동냥해 오고 대단하기도 하고, 한편으로는 심청이가, 아빠가 심청이만 믿는 것 같아서 별로고. 어떻게 보면 둘이 다정해 보이는 거 같기도 하고. 재밌어 보여요.

③ 사례 3

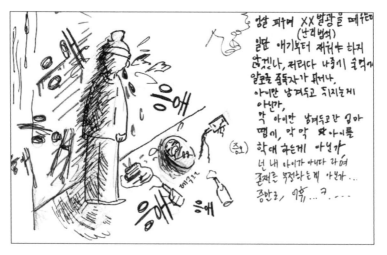

[그림 7-7] 아내가 죽자 심봉사가 신세 한탄하는 장면

내담자는 심봉사가 자기 신세를 한탄하는 장면을 그렸다. 심봉사를 자기 아버지와 동일시하여 그림으로 표현한다. 심층상담에서 내담자는 아버지가 자신을 좋아하는 것 같기는 한데 전혀 돌보지 않고 잠만 자서 밉다고 했다. 믿고 의지할 수 없는 아버지인 심봉사와 자기 아버지를 동일시하고 있는 그림이다. 이 장면에서 내담자는 아버지에 대한 자기감정을 투사하고 있다. 엄살을 피우며 발광을 한다는 표현과 나중에 술 먹고 알코올 중독자가 될 것이라는 표현을 통해 실제 자기 아버지를 간접적으로 이야기하고 있다. 심봉사가 어머니 때문에 아이를 학대할 것 같다며 아이의 존재를 부정할 것이라고 걱정하는 부분에서는 실제 자신이 아버지에게 겪었던 경험을 드러내고 있다.

처음에는 자기 이야기를 잘 드러내지 않았으나 후기 문학치료 프로그램과 연계하여 실시한 심층상담에서 내담자는 자신이 어린 시절 부모에게 받았던 정서적 · 물리적 학대에 대해 털어놓았다. 초기 문학치료 프로그램 시작점에서 이미 내담자는 작품서사에서 마음이 움직이는 장면 그리기 활동을 통해 그러한 자기 경험을 드러내고 있다.

내담자: 심청이 애기 때 심청이를 업고 젖동냥하면서 한탄하는 부분이요. 왜 이 장면을 그렸나 하면 매우 불안했거든요. 심봉사를 보며 제가 불안했어요. 어! 이러다가 알코올 중독자가 되는 게 아닌가? 나중에 아이만 남겨두고 죽는 거 아닌가. 아이 학대하는 거 아닌가. 아이 낳다가 아내가 죽었으니 아이를 괴롭힐 거 아닌가. 금방이라도 무너질 것 같아서. 아빠는 잠만보. 무지 편한 존재. 아버지는 믿고 의지할 수 있어야 한다고 생각해요.

(2) 인물에 대한 나의 이야기

① 활동 목표

'인물에 대한 나의 이야기'를 통하여 부모에 대한 자아 인식을 드러낸다. 내담자들이 작품 속의 인물에 대해 자유롭게 생각을 나누면서 심청이라는 인물과 가까워지는 단계이다. 특히 심청이라는 상징적인 인물에 대한 자기감정을 드러내어 부모화된 자기 삶을 객관적으로 인식하는 과정이다. 그리고 심봉사라는 인물을 통해 현재 자기 마음속에 담겨 있는 부모에 대한 인식을 표출한다.

② 활동 전개

• 문학치료 집단상담 활동을 통해 주인공인 심청에 관한 이야기를 나눈다.
• 내담자들은 「심청전」을 읽고 자기 마음을 끄는 부분과 심청에 대한 느낌과 생각을 자유롭게 이야기한다.
• 「심청전」 작품서사 중 자기 마음을 끄는 부분과 심청에 대한 느낌과 생각을 자유롭게 이야기한다.
• 주인공 심청의 삶 중에 가장 마음에 드는 부분은 무엇인지 이야기하면서 심청을 통해 자기 부모화된 삶의 이야기를 토로한다.
• 작품 속 인물에 대해 자유롭게 생각을 나누면서 심청이라는 인물과 친해지는 집단상담 활동을 전개한다.
• 상징적인 인물에 대한 자기감정을 드러내어 부모화된 자기 삶을 객관적으로 인식하는 과정이다.
• 심봉사라는 인물을 통해 현재 자기 부모에 대한 자기 마음속에 담겨

있는 부모에 대한 인식을 표출하게 한다.

③ 활동 사례

상담자: 심청의 모습 중 가장 마음에 드는 부분은 어디였니?

내담자: 전 앞부분이에요. 왠지 몰라도 심청이가 아버지를 돌보고 하는 부분이
마음에 들었어요. 그냥 어렸을 때부터 아버지를 위해서 부잣집 딸이
되는 것도 거절했잖아요. 밥도 차려드리고……. 아버지가 외로울 때
위로해 드리고……. 행동보다는 솔직히 심청이 말 같은 게 되게 좋았
던 것 같아요. 아버지를 위해서 위로하는 말들이 꽤 많았어요. 선녀가
벌을 받고 태어났다고…….

상담자: 자신이 전혀 잘못한 게 아닌데 죄책감을 느낀 적이 있니?

내담자: 언니가 수능을 잘 봤거든요. 그런데 가족들의 기대에 미치지 못했나
봐요. 그런데 괜히 내가 공부를 잘해야겠다는 생각이 들었어요. 언니
의 짐이 저에게 가 있고……. 집에선 할머니가 편찮으실 때 괜히…….
마음이 그래요.

상담자: 너는 다른 사람을 잘 돌보는 것 같아. 교실에서도 친구들을 돌보잖아.

내담자: 맞아요. 저는 사촌 동생을 제 중학교 입학식 날 데려왔었어요. 가족들
이 아무도 안 계셔서……. 가장 기억이 남는 거는 어렸을 때부터 같이
놀러 가고, 돌봐 주고 했었어요. 워터파크에 풀어 주면 제가 동생을 돌
보고 놀았어요.

상담자: 너는 주로 남의 욕구를 들어주는 편이야, 아니면 자기 의견을 내세우
는 편이야?

내담자: 저도 고집을 피워요. 사촌 동생은 많이 돌보는 편이에요. 애들을 찾아
서 동네를 돌아다녀서 어린아이들과 놀아 주고 주변에 그 애 엄마가 있

으면 그 아줌마랑 이야기하고……. 이사 가시면서 고맙다고……. 놀이
터에 가면 주로 아이들과 많이 놀아 줬어요. 전 B형이라 그런지 엄살이
있어요. 4학년 때 응급실에 많이 갔어요. 사촌 동생에게 질투한 거예요.
아기가 태어나니까, 스트레스를 받아서 밤이 되면 머리가 아파서 병원
에 자주 갔어요. 그런데 병원에 가니까 안 아파요. 약간 그런 게 있어요.
집에 있다가 밖에 가서 찬 바람만 쐬면 머리가 안 아파요. 제가 진짜 일
곱 살 때 몸이 완전 마비가 된 적이 있어요. 왜 그런지 기억이 안 나요.
응급실에 갔어요. 학교 안 가겠다고 유치원 가겠다고 울었어요.

내담자는 심청이 아버지를 돌보는 부분이 마음에 들었다고 한다. 그리
고 자신은 가족의 기대에 부응하려고 노력하고 있다고 한다. 가족에 대
한 책임감이 드러난 부분이다. 심지어는 자신의 중학교 입학식 날 아무
도 없어서 사촌 동생을 돌보기 위해 입학식에 데리고 왔다고 한다. 그런
데 이렇게 아이들과 놀아 주고 다른 사람의 요구를 거절하지 못하면서
도 어릴 때 사촌 동생이 태어나자 질투를 해서 머리가 아팠었다는 기억
을 떠올리고 있다. 할머니와 가족의 관심이 사촌 동생에게 갈까 봐 불안
한 마음을 보여 주고 있다. 불안정 애착의 관계적 특성을 보여 준다.

내담자는 항상 다른 사람을 돌보고 그러한 자기 행동을 당연시한다.
항상 가족의 일은 자신에겐 짐이 되고 자신을 키워 준 할머니도 이제는
자신이 돌보아야 하는 대상이다. 당연히 가족을 돌보아야 하고 심청이
아버지를 돌보듯이 무조건 희생하는 삶을 의미 있다고 생각한다.

✿5회기 동일시를 통해 부모에 대한 인식 표출하기

1) 활동 목표

'심봉사에 대한 나의 이야기'는 작품의 인물에 대해 자유롭게 생각을 나누면서 심청이라는 인물과 친해지는 과정이다. 상징적인 인물에 대한 자기감정을 드러내어 부모화된 자기 삶을 객관적으로 인식하는 과정이다. 그리고 심봉사라는 인물을 통해 현재 자기 부모에 대한 자기 마음속에 담겨 있는 부모에 대한 인식을 표출한다.

2) 활동 전개

- 「심청전」 작품서사 중 부모로 상징되는 심봉사에 대해 이야기를 나눈다.
- 내담자는 심봉사라는 인물을 자기 아버지와 동일시하여 부모에 대한 인식을 투사하는 부분이다.
- 내담자는 심봉사를 자기 아버지로 투사하여 부모에 대한 자기 불편한 내면 심리를 겉으로 표출하게 된다. 부모화 경험을 하는 내담자에게 부모와 동일시되는 인물이 심봉사이기 때문이다.

3) 활동 사례

(1) 사례 1: 뻔뻔하고 이기적인 어른

내담자는 심봉사를 자기 아버지와 동일시하여 아버지에 대한 부정적인 인식을 드러내었다.

> 내담자: 심봉사가 눈이 멀었잖아요. 근데 사람들이 불쌍이 여겨서 돌봐주어 버릇
> 이 들었을 것 같아요. 그럼에도 불구하고 마음먹는 사람이 있는데 그러지
> 않았다. 저는 '어른들은 존경할 만한가, 모자라다, 어른답지 못하다, 아버
> 지답지 못하다.'는 생각이 들어요. 심봉사는 뻔뻔하고 이기적이고 자기만
> 아는 어른 같아요.

내담자는 심봉사를 존경할 수 없는 어른이며 뻔뻔하고 이기적인 어른으
로 받아들이고 있다. 철없는 아버지인 심봉사를 아버지와 동일시하고 있지
만, 내담자는 어린 시절부터 부모가 이혼해서 아버지와 살아 본 적이 없다.
「심청전」의 인물에 대해 가장 이야기하고 싶은 부분을 자유롭게 이야
기하도록 한다.

> 심청이를 이해할 수 있는 게……. 심청이는 아버지가 얼마나 간절한지 알고
> 있잖아요. 일곱 살 때부터 아버지를 위해 고생하는 딸을 위해서, 아버지는 딸에
> 게 부담감을 덜어 주고 싶어서 눈을 뜨고 싶고……. 심청이를 아끼기 때문에 삼
> 백 석이라는 유혹에 넘어갔다고 봅니다.
>
> 전 처음으로 읽어 보았어요. 눈 안 보이는 아버지를 위해서 몸을 던진 아이다
> 라고 줄거리만 알고 있었는데……. 아버지가 삼 년이나 긴 시간 동안, 아버지가
> 돌아가셨다면 심청이가 용궁에 들어간 삼 년이 무슨 의미가 있나 하는 생각이 들
> 었어요. 아버지는 그랬잖아요. 심청이가 나 때문에 죽었다. 그런데 그 마음을 가
> 지고 돌아가셨다면……. 심청이가 불효가 되지 않았을까? 그런데 심청이가 그걸
> 한 거잖아요.

내담자는 심봉사가 고생하는 딸을 위해서 눈을 뜨고 싶어한다고 이야기하고 있다. 무엇보다 심청을 아끼기 때문이고 심청이 용궁에 가 있던 삼 년 동안 아버지가 돌아가셨다면 무슨 의미가 있는가 반문하고 있다. 자녀는 부모에게 효를 행해야 한다는 사회의 법칙을 내면화하고 있고, 매우 책임감이 강한 성향을 가지고 있다.

내담자의 아버지에 대한 인식은 '너무 철없고 이기적인 아버지'라고 보고 있다. 인물 이야기 부분에서 자기 부모에 대한 자기서사를 잘 드러내고 있다. 심청보다 더 심각하게 부모로부터 전혀 돌봄을 받지 못하여 애착을 형성하지 못하였지만 어려서 자신을 키워 준 할머니조차 자신에게 의지하며 모든 집안일은 물론 다른 가족마저 돌보는 아이로 성장한다. 그러한 자기 처지를 받아들이고 책임감을 무겁게 안고 살아가는 유형이다. 심청과의 만남을 통해 자기 부모화된 삶을 비로소 비춰 보고 그동안 가슴속에 묻어 두었던 가족 이야기를 털어놓기 시작한다.

(2) 사례 2: 심청이 없으면 아무것도 안 될 것 같은 사람

> 만날 불쌍한 척하고 <u>심청이 없으면 아무것도 안 될 것 같은 사람</u>이 괜히 인제 와서 난리를 치고 마음에 들지 않아요. 공양미 삼백 석을 약속한 심봉사는 철없는 아버지……. 아버지가 완벽할 순 없으니까. 아내와 딸을 좋아하는 것 같긴 한데, '모자라다'라는 생각이……. 채워 주고 싶어요. '<u>아빠는 심봉사랑 비슷하다.</u> <u>우리 아버지랑 비슷한 것 같다.</u>' 심봉사랑 비슷한 것 같아요.

내담자는 다른 내담자와 달리 심봉사로 동일시된 아버지를 불쌍하게 생각한다. 다른 내담자들이 대체로 아버지에 대한 원망과 미움을 표현한 데 비하여, 아버지를 불쌍하게 바라보고 있다. '자신이 없으면 아무것

도 안 될 것 같은 사람'이라고 심청의 눈을 빌려 이야기한다. 다른 내담
자와 달리 오히려 어머니가처럼 감싸고 아버지를 이해하려는 태도를 보
인다. 사랑하는 아내를 잃고 슬퍼하는 심봉사와 어머니가 돌아가신 후
아직도 어머니가를 그리워하고 슬퍼하는 아버지를 동일시하면서 연민
의 눈으로 바라본다. 항상 아버지를 돌보고 아버지의 불행이 자기 불행
인 것처럼 받아들인다. 아버지를 심봉사와 동일시하고 자신은 심청처럼
아버지를 돌보아야 한다고 생각하고 있다.

(3) 사례 3: 생각이 모자란 사람

> 내담자: 아버지가 완벽할 순 없으니까. 아내와 딸을 좋아하는 것 같긴 한데…….
> 모자라다, 생각이. 채워 주고 싶어요. 심청이가 '아버지 저 갑니다.' 그러고
> 바다에 몸을 던졌을 때……. 본인의 의지도 아니고 아버지 때문에 몸을 던
> 졌잖아요? 아버지 때문에 많이 참아요. 아빠가 다혈질이에요, 말을 막 하
> 세요. 말이 세요. 전 그럴 때 말을 안 해요.

내담자는 심봉사라는 인물을 완전히 자기 아버지와 동일시하고 있다.
아버지가 완벽할 수 없다고 이해하면서도 모자란다고 이야기하고 자신
이 아버지 때문에 많이 참고 있다고 이야기한다. 자신에게 막말해서 힘
들게 하는 다혈질인 아버지를 심봉사라는 인물을 통해 투사하고 있다.
그리고 자신은 아버지를 위해 참고 살고 있다고 한다. 다혈질이라서 감
정 조절도 못 하는 어린아이 같은 아버지이다. 본인이 의지가 아니라 아
버지 때문에 몸을 던지는 심청처럼 지금 너무 힘든 삶을 자신은 참고 살
아가고 있다.

내담자가 "채워 주고 싶다."고 표현한 것은 아버지가 부족한데 자신

으로 인해 채워짐으로써 두 사람의 관계가 완벽해질 수 있다고 생각하고 있음이 드러난다. 내담자는 심청이 아버지를 돌보는 부분을 자기 사례와 동일시하고 있다. 심청은 내담자에게 공감을 잘 불러일으키며 자신을 잘 투사하는 대상이다. 거꾸로 자신이 잘 돌봄을 받지 못한 양육의 피해자임에도 불구하고 오히려 가해자인 아버지를 불쌍히 여기는 심리적 콤플렉스를 가지고 있음이 드러나는 부분이다.

내담자는 이 장면에서 가족에 대한 인식을 드러내었는데, 당연히 아내 없는 불쌍한 아버지를 돌보아야 한다는 관계인식을 드러내었다. 내담자는 「심청전」에서 인물과의 만남을 통해 자기 부모-자녀 관계에 대한 자기서사를 잘 드러내고 있다. 심청처럼 어려서 어머니를 잃고 양육을 제대로 받지도 못했는데 아내를 잃고 어린아이처럼 자신을 힘들게 하는 아버지를 거꾸로 어머니처럼 돌보고 있다. 그리고 그러한 자기 처지를 매우 당연시하는 것처럼 보인다. 아버지는 부족하고 모자란 어른이며, 자신을 희생하며 참고 살아가게 하는 존재로 오히려 어른처럼 아버지의 부족한 부분을 채워 주고 싶다고 이야기하고 있다. 심청과의 만남을 통해 자신과 비슷한 인물의 처지에 공감하며 자기 삶을 비추어 보게 된다.

(4) 사례 4: 아버지 같지 않은 아버지

> 내담자: 심봉사는 아버지 같지 않은 아버지인데, 태어날 때부터 눈이 먼 게 아니
> 고, 너무 소설 쓰는 건데, 자기가 눈을 감았을 때 착잡하잖아요. 자기중심
> 적이어서 날 생각은 안 하고……, 심봉사는 불쌍하고, 이기적이고, 장애가
> 있어서 자기만 힘들다고 생각하고…….

내담자는 부모에게 왜 자식이 희생해야 하는지에 대한 거부감을 가지

고 있다. 심청이 당연히 아버지를 보살펴야 한다는 이야기에 자신은 수긍할 수가 없다. 자신은 심청과 같은 딸은 아니라고 하면서 부모에게 효도할 필요가 없다고 이야기한다. 자신이 심청이라면 아버지를 돌보지 않았을 것이라고 하면서 부모에 대한 거부감을 강하게 표현했다. 부모화된 내담자에게 부모와 동일시되는 인물이 심봉사로 볼 수 있다.

내담자는 심봉사를 아버지 같지 않은 아버지로 인식하고 있다. 내담자는 자기 아버지에 대해 의지할 수 없는 부담스러운 아버지로 받아들인다. 그런 아버지에 대한 인식 때문에 심봉사에 대해 매우 부정적이고 믿을 수 없는 존재라고 인식하고 있다. 자기중심적이고 딸 생각을 하지 않는 자기 아버지에 대한 감정이 투사되어 나타나고 있다. 그래서 가족화에서 머리가 나쁘다는 의미로 조잘대는 새를 그렸다고 한다.

내담자는 아버지에 대한 신뢰가 전혀 없다. 아버지로서 자신이 인정할 수 없고 철없고 대책 없는 아버지로 받아들인다. 심봉사에 대한 반응에서 아이를 괴롭힐 수 있다고 반응하고 있다. 자기 아버지도 심봉사처럼 믿고 의지할 수 없는 존재라고 이야기한다. 아버지로서 자신을 돌보지 않고 어린 시절에 사소한 일에 화를 내고 매를 드는 아버지의 모습을 심봉사를 통해 투사하고 있다. 내담자는 심청을 통하여 심봉사와의 관계를 자기 아버지와의 관계에 비추어 보고 반응하면서 아버지에 대한 감정을 표현하고 있다.

✳️6회기 심청을 거울삼아 부모화된 삶 성찰하기

장면 ① 심청의 출생과 어머니의 죽음

'심청의 출생과 어머니의 죽음' 작품서사 장면은 내담자인 부모화된 청소년의 가족관계의 불행이 드러나게 되는 장면이라고 할 수 있다. 첫 번째 장면인 심청의 출생과 어머니의 죽음은 부모화된 내담자가 인물의 삶을 거울로 삼아 자기 삶을 투사하는 장면이다.

1) 활동 목표

「심청전」의 주요 서사를 크게 여섯 장면으로 나누어 등장인물에 대하여 내담자는 어떠한 정서 반응을 일으키는지, 「심청전」의 등장인물의 삶에 대한 자기서사를 어떻게 표출하는지 그 양상을 펼쳐 보이는 장면이다. 「심청전」 작품서사에 대한 내담자의 문학치료적 반응을 확인하면서 내담자의 자기서사가 인물의 삶에 투사하는 자신을 스스로 성찰하는 부분이다. 부모-자녀 관계에서 겪는 어려움과 그 극복의 실마리를 함축적·상징적으로 잘 드러낼 수 있는 장면에 집중하게 된다. 부모화된 청소년 내담자는 문학치료 프로그램을 통해 부모화된 청소년의 부모-자녀 관계에서 겪는 심리적 문제와 그 극복의 실마리를 찾는 문학치료적 치유과정을 경험한다.

2) 활동 전개

- 어린 시절 어머니가 없는 심청에 대해 어떻게 생각하는지 내담자의 인식을 탐색하는 활동을 한다.
- "만약 심청처럼 어머니가 없다면?"이라는 질문에 내담자는 어머니 없는 심청의 어린 시절을 자기 삶을 투사하여 자아인식과 내면을 드러내게 된다.
- 어려서부터 부모의 돌봄을 받지 못했기 때문에 이 장면에 대한 반응에서 부모화된 자기서사가 뚜렷이 드러나게 된다.

3) 활동 사례(심청과의 동일시)

> 내담자: 전 불쌍해 보이지만, 그 시절에는 이렇게 막 옷도 못 입고, 가난하고 그런 사람이 많지 않았을까 해요. '전 힘든 시절이 있어야 한다. 처음에는 힘들지만, 어렸을 때 힘든 시절이 있어야지 착하게 클 것 같다.'고 생각해요. 왜냐하면, 심청이가 여러 일을 겪고 나니까, 더 착하게 컸을 거예요.

내담자는 어린 시절 어머니의 존재를 모르고 자란 자신과 심청을 동일시한다. 힘든 시절이 있어야 한다고 하면서 심청에게 어머니가 없다는 사실이 오히려 좋은 점일 수 있다고 이야기한다. 내담자는 어린 시절에 어려움을 겪어야 착하게 클 수 있다는 것이다. 어머니 대신 할머니에게 돌봄을 받아서 그런지 어머니에 대한 애착이 거의 없다고 했다. 어머니는 내담자에게 오히려 부담스러운 존재이다.

내담자는 개인 심층상담에서 심청이 어려서 어머니를 잃게 되는 장면을 통해 자기 내면에 깊이 숨겨 놓은 어머니에 대한 감정과 인식을 표현하고 있다.

상담자: 엄마를 어떻게 생각하는지 이야기해 볼래?

내담자: 어릴 때 할머니와 할아버지에게 사기를 당했어요. 엄마가 캐나다에 있다고 하는 거예요. 심지어는 편지까지 왔어요. 알고 보니 엄마가 감옥에 가 있었던 거예요. 엄마가 사업을 하시다가 문제가 있어서 사기를 당했어요. 그래서 충격이었어요. 믿었던 할머니마저 절 배신했구나.

상담자: 엄마를 어떻게 느끼니? 아빠에 대한 감정은?

내담자: 엄마랑은 좋다 나쁘다는 감정이 없고, 그냥 '엄마'다. 아빠는 싫어요. 철없는 건 둘이 똑같아요. 사십 대 중반인데 아직 재혼은 안 했어요. 아빠는 예전에 철이 없는 시절에서 성숙해져서 엄마에게 다시 살자고 했는데, 엄마가 찼어요. 전 다행이라고 생각해요. 다행이다. 차인 게 너무 좋아요. 아빠가 불쌍하긴 한데 아빠가 아직도 철이 안 들었어요. 아빠가 양복을 입고 회사에 다니고 싶어 하세요. 차라리 운전기사, 버스 운전기사라도 했으면 좋겠는데. 안 하세요. 그래서 아빠 일이 불안정하세요. 엄마가 똑똑하세요.

상담자: 그럼 너는 누구에게 의지하니?

내담자: 저한테 '엄마'라고 하면 할머니인 것 같아요. 할머니랑 더 가깝죠. 할머니가 경희 같아요. 경희는 비유인…… . 경희는 상대방을 잘 모르고 혼자 의식을 많이 해요, 망상 같은 거…… . 망상이 많아요. 오해를 많이 해요. 무슨 말을 하면 혼자 그렇게 생각을 많이 해요. 잠을 못 살 성노도…… .혼자 막 상상을 해요. 제가 요즘 엄마랑 친해지려고 노력 중이거든요. 그래서 엄마랑 이야기하면, '이제 할머니가 싫구나'. 이런 식으로 생각하시

고……. 아니라고 말하면요. '아니야 그럴 거야.' 하고 말해요.

상담자: 할머니가 널 너무 걱정하고 불안해하시는구나.

내담자: 네! 맞아요. 네, 심봉사랑 비슷해요. 할아버지랑 사이가 좋지 않아요. 그래
서 나한테 의지하시는 것 같아요. 할머니랑 친구라고…….

상담자: 네가 할머니의 친구가 되어 주었구나. 할머니에게 친구가 많으면 너에게
그렇지 않겠지.

내담자: 할머니가 되게 불안해하셔요. 내가 심청이라면 어땠을까. 이 문제에 대해
미련하지만 나도 심청이와 똑같이 했을 거예요.

내담자는 개인 심층상담에서 어머니에 대해 자신이 그동안 품어 왔던
이야기를 쏟아 놓았다. 사실은 어려서 어머니가 사기죄로 교도소에 갔
는데 할머니, 할아버지가 외국에 가 있다고 해서 몰랐다는 것과, 현재 어
머니와 친해지고 있지만 불편한 심정이다. 자신에게 어머니는 할머니라
고 인식하고 있어서 어머니를 받아들이기 힘들다. 자신이 어머니로 믿
고 의지하는 할머니는 정서적으로 늘 불안하고 의존적이어서 심봉사와
자기 할머니를 비슷하게 인식하고 있다. 무엇보다 자신에게 정서적으
로 의지하는 할머니를 친구처럼 믿고 의지하고 있으며 자신도 심청처럼
했을 것이라고 답한다. 아무도 믿고 의지할 대상이 없고 늘 무거운 삶의
짐을 과하게 지고 있는 내담자의 부모화 경험의 문제가 잘 드러나는 부
분이다. 자신이 돌봄을 받아야 할 시기에 오히려 철없는 어머니에 대한
불신이 커서 할머니에게 의지하고 있지만, 그 할머니조차 어머니 역할
을 제대로 해 주기엔 너무 연약한 존재이다.

✽ 7회기 부모를 돌보는 삶 직면하기

장면 ② 아버지를 먹여 살리는 심청

1) 활동 목표

이 장면에서는 부모화된 청소년이 실제 어떤 부모화 경험을 하고 있는지 구체적으로 드러나 있다. 심청이 아직 보살핌이 필요한 나이인데 부모를 돌보는 심청의 삶을 바탕으로 내담자의 느낌과 생각을 이야기한다.

2) 활동 전개

- 부모화된 청소년이 실제 어떤 부모화 경험을 하고 있는지 이야기한다.
- 집안일을 어떻게 얼마나 하고 있는지 돌아가면서 이야기해 본다.
- 아직 보살핌이 필요한 나이임에도 부모를 돌보는 심청에 대한 자기 생각을 이야기하며 자신이 부모를 대신하여 집안 살림을 한 경험을 이야기한다.

3) 활동 사례

상담자: 집안일을 어떻게 하고 있는지 이야기해 볼까?

내담자: 일곱 살, 여섯 살 때 늦은 시각에 혼자 가게에 가서 낵를 거, 필요한 거 사 온 일, 두부를 사 가지고 왔어요. 설거지. 이불 개고, 청소기 돌리기, 할머니 없었을 때, 시키지 않아도 해요. 내 일이기 때문에 그냥

집 안이 더러워 보이면 하는 편이에요. 그다음에 화장실 청소, 바닥, 변기 닦기, 장롱 닦기, 그건 할머니가 시키셔서 해요. 그리고 음식 만드는 거 도와드리기, 그건 3학년 때부터 했어요. 빨래 널고 개고는 원래 하는 거고⋯⋯. 여섯 살 때 할머니가 입원하셨을 때 유치원 안 가고 할머니 옆에서 자고 했던 기억이 있어요. 간호사 언니에게 가서 도와 달라고 하고, 언제 CT 찍냐고 하고⋯⋯. 옆에 아프신 분이 먹을 걸 주시고. 그때 엄마가 상처받으신 일이 있어요. '야구장 갈래?' 하시는데 거절했어요, 할머니 간호해야 한다고. 그랬더니 엄마가 상처받은 눈빛이 기억나네요. 병원에 입원한 것이 재밌었어요. 그때 병실 실내화 신고 넘어져서 간호사 언니가 얼음찜질해 주던 기억이 나요. 요즘은 분리수거 내려가서 하고, 근데 제가 정리하는 거 좋아해요. 안 하다가 한 번에 깨끗이 정리하는 버릇이 있어요.

상담자: 부모님 마음을 헤아려 본 적이 있니?

내담자: 할머니 원래 그런 말을 잘 안 했거든요. 아빠가 바람을 피웠다고⋯⋯. 할머니가 요즘 하소연을 많이 하세요. 할머니가 요즘 제 말 하나하나에 마음을 많이 두고 계세요. 요즘은 말을 가려 가면서 해요. 요즘은 잠을 못 주무세요. 충격적인 말을 들으면 밤새도록 잠을 못 주무세요. 예전엔 주무시는 줄 알았는데⋯⋯ 한 번에 충격을 되게 많이 받으세요.

내담자는 어려서부터 할머니와 살면서 모든 집안일을 하고 있다. 여섯 살 때부터 집안일을 하며 할머니를 도왔고 시키지 않아도 스스로 집안일을 했다는 점에 주목해야 한다. 부모에게 전혀 돌봄을 받지 못하고 할머니 손에서 자랐지만, 할머니는 어딘지 믿음직하지 못한 존재로 보인다. 심지어는 할머니의 대화 상대이고 할머니를 정신적으로 위로하는 딸 역할을 하고 있다. 사람을 좋아하고 혹시 자기가 잘못하면 사람들이 자기를 싫어하지 않을까 하는 두려움을 가지고 있다고 했다.

　이 장면을 통해 내담자의 부모화 경험과 '모든 가족은 내가 돌보아야 해!'라는 자기서사를 탐색할 수 있다. 내담자는 매우 전형적인 부모화 된 아이이다. 어려서부터 스스로 모든 집안일을 하고 가족을 돌보는 것을 당연시한다. 너무 철없는 어머니와 오히려 친구 같은 할머니, 책임감 없는 아버지 등 모든 가족은 자신이 기대고 살아갈 수 없는 어른들이다. 무엇보다 물리적ㆍ정서적으로 부모화 경험을 할 수밖에 없는 환경에 처해 있다. 그러한 환경 속에서 감당하기 어려운 그 삶의 무게를 짊어지고 힘들어하고 있다. 항상 자신이 다른 사람의 욕구에 맞추어서 남을 배려하는 습관이 몸에 배어 있다. 누가 부탁을 하면 전혀 거절하지 못하고 힘들어도 참고 해 주는 편이다. 그래서 학교에서도 거칠고 제멋대로인 남학생들조차 내담자를 좋아하고 따른다. 하지만 그런 삶을 살아가는 자신은 늘 마음이 힘들고 다른 사람이 무어라고 자신에게 이야기할까 걱정한다. 그래서 항상 다른 사람의 의도를 빨리 읽어 내고 그 사람이 원하는 것에 반응한다.

8회기 과도한 책임감으로 힘든 삶 탐색하기

장면 ③ 공양미 삼백 석을 화주승에게 약속하는 심봉사

1) 활동 목표

이 장면은 부모에 대한 원망이 드러나는 부분이다. 심봉사가 대책 없이 공양미 삼백 석을 약속하는 장면은 내담자의 부모에 대한 감정을 표출하는 부분이다. 이 장면의 작품서사를 통해 부모와 밀착된 내담자의 숨겨진 내면 감정이 드러나게 된다.

2) 활동 전개

- 심봉사를 철없는 아버지로 보고 자기 이야기를 나누도록 한다.
- 아버지에 대한 내담자의 불편한 내면 심리를 토로하게 한다.

3) 활동 사례

상담자: 부모가 나에게 의지하는 것 같은지 이야기해 봅시다.

내담자: 철없는 아버지. 저에게 의지합니다. 일단은 아빠가 매우 속이 상해하는 거는 언니랑 저랑 같이 살지 않는 거. 그다음에 제가 할머니랑 주로 살고 어머니와 살지 않는 거. 그걸 너무 싫어해요. 아빠가 사랑하는 거 알지? 아빠가 싫어요. 아빠한테 혼난 적이 없어요. 아빠가 언니한테 화내는 거 봤어요. 저 때문에 언니가 혼났어요. 언니가 저에게 돈을 뿌렸어요.

저는 부모님이 신세 한탄하는 거 많이 들었어요. 자꾸 나에게 '사랑하는 거 알지?' 하고 자꾸 물어서 힘들어요. 엄마는 제가 어른스럽다고 생각하신대요. 그래서 부담스럽대요. 언니는 아기 같은데 저는 의젓하다고. 요즘 공부에 대한 부담을 많이 줘요. 요즘 갑자기 친할머니가 칭찬을 많이 해요. 할아버지가 귀가 좋지 않아서 할머니가 대화를 못하세요. 할머니가 매우 열받으세요. 할머니가 스트레스를 많이 받으시거든요. 저한테 괜히 화를 내세요, 할머니가 저에게 화를 내세요. 막 할머니가 그러면……. 혼자 막 중얼거리고…….

상담자: 심봉사가 삼백 석을 약속한 이유를 무엇이라고 생각하나요?

내담자: 자기 이득 때문에……. 딸을 보고 싶기도 하고 이 세상을 보고 싶어서….

내담자는 어린 나이지만 아버지를 돌보는 심청과 자기 처지를 동일시하고 공감하고 있다. 자신에게 아버지는 철없는 아버지이다. 내담자는 심봉사를 통해 자기 아버지를 철없고 이기적인 모습을 투사한다. 늘 자신을 사랑하느냐고 묻는 아버지가 싫다. 어머니는 오히려 자신을 어른스럽다고 하면서 기대려고 한다. 부모님이 모두 부담스러운 존재이다. 심봉사가 삼백 석을 약속한 부분에 대해 자기 이득 때문이라고 답한 것은 아버지를 투사한 부분이라고 보인다. 심봉사의 부모로서 무책임한 행동이 자기 아버지와 같다고 동일시하고 있다.

그런데도 내담자는 특히 심청이 아버지를 돌보는 장면이 좋았다고 했으며, 심지어는 심청이 다시 태어나고 성공하는 부분이 맘에 들지 않고 오히려 아버지를 위해 희생하는 심청에게 마음이 끌린다고 했다. 심성이 어려서 고생하는 것을 당연시한다. 그리고 자기 힘든 삶을 당연하게 받아들인다.

❋ 9회기 부모를 위해 희생하는 삶에 질문 던지기

장면 ④ 인당수에 몸을 던지는 심청

1) 활동 목표

이 장면은 부모화 정도를 파악할 수 있는 부분이다. 심청이 인당수에 몸을 던지기 이전과 이후, 심청의 삶은 완전히 달라지고 새로운 삶이 펼쳐진다는 서사를 이해한 후, 심청이라는 인물에 대한 자기 생각과 느낌을 자유롭게 이야기하면서 평소에 차마 입으로 꺼내지 못한 감정을 분출하는 활동이다.

2) 활동 전개

- "나라면 심청처럼 할 수 있을까?"를 생각해 보고 이야기를 나눈다.
- "왜 심청은 인당수에 몸을 던졌을까?"를 생각해 보고 이야기를 나눈다.
- "내가 심청이라면 어떻게 행동했을까?"를 생각해 보고 이야기를 나눈다.

3) 활동 사례

상담자: 인당수 이전과 이후 심청을 떠올려 보고, 여러분이 심청이라면 어떻게 했을지 이야기해 봅시다.

내담자: 전 잘 모르겠어요. 상상을 해 보면 거기가 막 무서운데……. 안 될 것 같은데도 할 수 있을 것 같아요. 전 막 헷갈려요. 그 장면이 무서운데, 심청처럼 할 수 있을 것도 같아요.

내담자: 심청처럼 삼백 석을 준다는 부인의 말을 들었으면 안 뛰어내렸을 것 같아요.

상담자: 심청이는 왜 몸을 던졌을까?

내담자: 아버지를 살리기 위해서……. 삼백 석이라는 큰돈을 아버지가 약속하신 거고……. 내 책임도 되니까. 그걸 해결하려면 내가 죽는 거밖에 안 되겠구나 하고…….

상담자: 혹시 죽음에 대해서 생각해 본 적 있나요?

내담자: 전 많아요. 아주 어렸을 때부터 …… 했는데……. 여섯 살인가? 일단은 내가 죽으면 어떻게 될까? 무서웠어요. 저는 가끔씩 밤에 자다가요, '숨을 어떻게 쉬지?'라는 생각을 하잖아요? 그럼 숨을 못 쉬어요. 그래서 밤에 숨을 못 쉬어서 괴로웠던 적이 있어요. 내뱉는 그거도 못 하는 거예요. 그럼 밤중에 화장실에 가서 막 돌아다녀요. 그럼 괜찮아져요. 계속 그런 생각을 했고, '다음날 살아 있을 수 있을까? 할머니는 살아 있을까? 할아버지는 살아 있을까?' 그럼 나는 어떻게 해야 하지? 당장 119에 신고해야지. 내가 신고할 수 있을까? 잠자기 전에 항상 어둡잖아요. 전 그 어두운 게 싫거든요. 일단 어두운 게 싫어요. 전 소파에서 자요. 그게 편해요. 원래는 제가 혼자 못 잤어요. 어려서부터 죽음에 대해 생각을 하니까. 절대 못 자겠더라고요. 이제 혼자 있는 시간이 많아지면서 혼자 자고 있는데. 의식하는 순간 잠이 안 와요. 죽음을 두려워해요.

내담자는 무섭긴 하지만 심청처럼 했을 것이라고 했다. '전 막 헷갈려요.'에서 그 책임감과 불안 사이에서 늘 고민하는 내면이 드러났다. 왜냐하면 아버지가 약속한 것이고 그것은 자기 책임도 된다는 것이다. 부모의 잘못도 자신이 해결해야 할 일로 생각하고 있다. 그래서 어쩔 수 없이 그렇게 해야 한다면 자신도 심청처럼 했을 거라고 이야기했다. 내담자는 죽음이 두렵고 어두워지면 무서워 해가 있을 때 잠을 자려고 하고 잠을 자다가도 숨이 쉬어지지 않는다고 몇 번씩 깬다고 했다. 이렇게 죽음을 두려워하는데도 자신이 심청이라면 아버지에 대한 책임을 다하기 위해 죽음을 선택한다는 것이다.

　이 장면에서 내담자는 자기 삶에 질문을 던지고 '모든 일에 책임감을 가진 나'를 성찰하게 된다. 모든 일을 자기가 해야 한다는 책임감 때문에 항상 최선을 다하며 학교에서는 다른 친구들을 돌보고 집에서는 최근 늘 아프신 할머니를 돌보면서도 정작 자신은 돌보지 못한다. 내담자는 당연히 자식이라면 부모의 일에 책을 져야 한다고 생각하는데 정작 부모는 자식을 돌보겠다는 의지도 책임감도 없다. 그래서 자기 부모를 어린아이처럼 생각하고 있다. 현재 내담자는 할머니가 몸과 마음이 아프서서 걱정이 많다. 자신에게는 이 세상에 부모와 같은 존재이기 때문이다.

✳10회기 새롭게 태어나는 자아

> **장면 ⑤** 심청이 연꽃 타고 환생

1) 활동 목표

이 장면은 부모화된 삶을 벗어나 새로운 자기로 태어나는 미래에 대한 선택을 생각해 볼 수 있는 부분이다. 심청이 인당수에 빠진 장면을 아버지에게서 벗어나 새로운 삶으로 태어나는 재탄생의 의미로 본다면, 심청이 연꽃으로 환생하는 것은 무엇을 의미하는지 자기 인식을 탐색하는 활동이다.

2) 활동 전개

- 심청이 연꽃으로 환생하는 것은 무엇을 의미하는지를 생각해 보고 이야기를 나눈다. 각자 자기 생각을 이야기한다.
- 새롭게 태어난다는 것은 어떤 의미인지를 생각해 보고 이야기를 나눈다.
- 자신이 새롭게 태어난다면 어떨지를 생각해 보고 이야기를 나눈다.

3) 활동 사례

상담자: 심청이가 다시 살아나는 부분에 관해 이야기해 봅시다.

내담자: '비루했다' 하는 표현이 마음에 안 들어요. 비루했어도 행복했던 것이

있을 텐데, 그걸 모두 씻어 버리고 '성스러운 여성으로 다시 태어났다.' 약간 이게 좀? 왜 성스러운 것만? 비루했지만 의미가 있을 텐데……. 그거를, 그게 있었기 때문에 성스러운 여자가 되지 않았을까? 새로 환생하여 이전에 못 하였던 소원을 이루는 것(아버지가 눈을 뜨는 것), 심청이의 소원은 아버지가 눈뜨는 거예요.

내담자는 비루했다는 표현이 마음에 들지 않는다. 비루했지만 행복할 수 있기 때문이라고 생각한다. 왜 성스러운 것만 중요하다고 이야기하는 지에 대해 의문을 품는다. 현재 힘든 자기 삶을 나름대로 의미화하고 있는 데 왜 그 현재의 삶을 안 좋게 이야기하는지 부인하고 싶은 심정이다. 심청이 과거에 가난하고 힘들었기 때문에 성스러운 존재가 된다는 사실을 잊어서는 안 된다고 말했다. 자신이 어려서 부모의 돌봄을 전혀 받지 못하고 할머니 손에서 자란 것이 투사된 표현이다. 비루했어도 의미가 있었을 것이라는 이야기이다. 심청은 성스러운 여자가 되었고 새로 환생하여 이전에 못 하였던 소원을 이루었는데, 그 소원은 아버지가 눈을 뜨는 것이다. 심청이 희생하는 부분을 마음에 들어 하고 심청의 재탄생 의미는 아버지를 위해 효를 실천하는 것으로 보았다. 이 부분에서 자기 힘들었던 과거의 삶을 「심청전」 작품서사를 통해 자신의 삶을 새로운 눈으로 바라보며 통찰하고 있다. 비록 지금은 힘들게 살고 있지만, 그 힘든 삶이 자기 미래의 모습을 긍정적으로 만들어 줄 수도 있다고 인식하고 있다.

내담자는 자아성장 초기 청소년기 문학치료 프로그램을 통해 부모화된 자신의 힘든 삶의 문제를 가장 먼저 이야기하고 자신을 개방하고 자발적으로 문학치료의 치유 경험을 한다. 항상 문학치료 수업에 기대와 관심을 표현하며 극적으로 참여하고 스스로 성찰하는 모습을 보여 주었다.

✤11회기 부모와의 관계 재설정하기

장면 ⑥ 부녀 상봉

1) 활동 목표

이 장면은 부모화된 청소년이 자기 미래의 모습을 어떻게 생각하는지 드러나는 부분이다. 심청은 예전과 다른 모습으로 다시 태어난 이후 자기 삶을 주체적으로 살아가는 존재가 된다. 즉, 부모에게서 독립하여 이전의 부모를 돌보는 아이가 아니라 부모를 인정하고 자기 삶을 펼치는 작품서사가 나타나는 부분이다.

2) 활동 전개

- 심청이 아버지를 찾는 부분에 대해 어떻게 생각하는지 서로의 생각을 나누는 활동을 전개한다.
- 자신이라면 심청처럼 아버지를 찾을 것인지 이야기해 본다.

3) 활동 사례

상담자: 아버지를 찾는 심청을 어떻게 생각하는지 이야기해 봅시다.

내담자: 전체적으로 봤을 때 심봉사가 딸을 생각하고 있다는 게 안 느껴져요. 사실 처음에 아버지가 못 알아보는 걸로⋯⋯. 심청이는 아버지를 찾는 게 당연한 것 같아요.

상담자: 왜?

내담자: 죽음은 자기가 선택한 거잖아요. 아버지가 삼백 석을 위해서 넌 죽어
라 한 적이 없고 자신이 선택한 건데. 심청이는 아버지를 찾는 게 당연
하고……. 아버지는 왜 심청이를 생각하지 않았을까(심봉사를 비난?)
예전에 「심청전」을 읽었을 때, 심청이 덕분에 아버지가 살아났다고 생
각했는데……. 이번에는 아버지는 '왜?'라는 생각이 많이 들었어요.

내담자는 심청보다는 심봉사인 아버지가 딸을 생각하지 않고 있다는
점에 반응했다. 자신을 생각하지 않는 아버지에 대한 원망을 드러내었
다. 아버지에 대한 원망의 마음을 심봉사를 통해 이야기하고 있다. 그
리고 딸은 아버지에게 관심이 있는데 아버지는 심청을 왜 생각하지 않
는지 의문을 제기하고 있다. 실제 어린 시절 언니만 자기 친가로 데리고
가고 자신은 외할머니와 살게 되었던 일을 생각하게 된다. 내담자는 심
청이 심봉사를 찾는 것은 당연하다고 이야기하고 있다.

이 부분에서 내담자는 아버지에 대해 '딸에 대한 책임감은 없어!'라는
의문을 표현한다. 「심청전」 작품서사 마무리 장면에서 처음으로 부모
에 대한 원망의 감정을 간접적으로 표현했다. 마음속 깊은 곳에 왜 아버
지는 딸을 생각하지 않을까에 대한 의문을 드러내었다.

✱12회기 다시 쓰기를 통해 부모화된 삶 재구성하기

1) 활동 목표

문학치료 프로그램 실행 중 통합의 단계로서 작품서사와 자기서사의 문제를 연결 짓는 단계이다. 그동안 심청과 같이 걸어 온 길에서 심청과 거리를 두고 심청과의 만남을 통해 변화된 자기 내면을 이야기하는 부분이다. 이야기 다시 쓰기, 시 쓰기, 인물에게 편지 쓰기 등 다양한 표현 활동을 통해 심청과 거리를 두고 내담자 자신의 심층적인 내면 심리를 드러내는 활동을 한다.

2) 활동 전개

- 심청 이야기를 자기 관점에서 새롭게 다시 쓰기를 한다.
- 다시 쓰기를 한 후 그 내용에 대해 서로 이야기를 나눈다.

3) 활동 사례

(1) 사례: 심봉사를 원망하는 심청이

심봉사가 눈이 멀고 곽씨 부인은 심청이만 낳고 죽게 된다. 눈이 먼 심봉사와 갓난아기 심청이만 남게 된다. 고아가 된 심청이는 먼저 죽은 어미를 미워하고 눈먼 아버지를 원망한다. 마을 사람들은 나쁘게 커 가는 심청을 욕하고 눈먼 불쌍한 심봉사를 도와준다. 자기 말을 듣지 않고 자기 뜻대로 사는 심청이지만 제때 집에 들어왔었는데 늦은 밤이 되어도 돌아오지 않자 속 썩여도 자기 딸이라고 심봉사가 걱정한다.

눈은 보이지 않고 찾아볼 수도 없었지만, 마음보다 몸이 먼저 밖을 나섰다. 앞이 보이지 않아 심봉사는 결국 다리 밑으로 지나가는 개울가에 빠지게 된다. 허우적대고 있는 심봉사를 화주승이 심봉사를 발견하여 건져내 준다.

스님은 심봉사에게 전생에 죄를 많이 지었으니 몽은사 절에 삼백 석을 기부하면 눈을 뜰 수 있다고 한다. 그 말을 듣고 심봉사는 바로 알겠다고 한다. 늦게까지 놀다 온 심청이는 그 말을 듣고 아버지를 더욱 크게 원망한다. 심청이는 개울가에 앉아 아버지를 한탄한다. 길을 가던 중 장승상댁이 그 이야기를 듣고 심청이에게 아버지께서 눈이 멀고 싶어서 먼 것도 아니고, 어머니도 죽고 싶어서 죽은 게 아니라고 하며, 삼백 석을 쓰면서까지 한 것은 너에게 도움을 주고 싶어서 그런 것이라고 말을 한다.

심청이는 처음에는 짜증이 나 했지만, 이해하고 자기 행동을 땅을 치며 후회한다. 장승상댁이 도와줄지 묻지만, 심청이는 거부한다. 며칠을 고민하던 심청이가 길거리를 방황하던 도중, 뱃사람들끼리 이야기를 하는 걸 듣고, '아, 내가 할 수 있는 건 이것뿐이구나.' 하고 제물이 된다.

하지만 죽지 않고 용궁으로 내려가 엄마를 만난다. 심청이는 어머니에게 죄송하다고 하고, 아버지를 도와주지 못할망정 원망하며 살았다고 하며 속죄한다. 심청은 연꽃으로 다시 살아나오고 왕비가 되고 아버지를 맹인잔치에서 만나 심청이는 미안해하고 아버지도 미안해하며 끝난다.

내담자는 다시 쓰기에서 심청이 원망한다는 이야기로 변형한다.

첫째, 줄거리 서사 변화에서 심청은 아버지 말을 듣지 않고 원망한다. 아버지를 도와주지 않지만 스스로 반성하고 제물이 된다.

둘째, 인물 변화에서 심청을 아버지를 원망하고 말을 듣지 않는 자식으로 그렸다. 죽은 어머니를 미워하고 눈먼 아버지를 원망한다. 부모에 대해 원망하고 미워하는 자기감정이 투사되어 나타난다. 자신을 어릴 때 돌보지 않은 철없는 부모를 원망하고 있는 것으로 보인다. 나중에는 심청이 그러한 자기 행동을 후회하는 것으로 고쳐 썼고, 아버지를 맹인 잔치에서 만나 미안해한다고 바꾸어 썼다.

셋째, 주제 면에서 부모에 대한 원망에서 부모에 대한 이해와 관용의 태도로 바뀌려고 하고 있음을 드러낸다.

넷째, 특이한 점으로 심청이 비뚤어진 부분이 다른 부분이며, 장승상 댁 부인이 충고하는 부분을 다시 쓰기로 표현한 것이다.

내담자가 심청이 비뚤어지는 것으로 바꾼 것은 실제 모범생이고 부모를 겉으로 드러내어 원망하지 못하는 자기감정을 투사한 부분이라고 생각된다. 비뚤어지는 심청은 현실 속에서 비뚤어지지 못하고 항상 바르게 살아가는 자기 또 다른 자아의 모습으로 보인다. 심청이 아버지를 돕지 못했다고 원망한 일을 나중에 속죄하고 맹인잔치에서 아버지를 만나서 미안해하고 아버지도 미안해하는 것으로 결말을 바꾼 것은 내담자의 마음속에서 아버지에 대한 원망을 풀어내고 싶은 것을 표현한 것이 아닐까 한다. 내담자의 「심청전」 다시 쓰기에는 내담자의 부모에 대한 인식과 자아상이 잘 드러나 있다.

(2) 사례 2: 로봇이 된 심청이

2026년 심학규는 원래 제벌이었으나 가무이 기울고 눈까지 멀었지만 부지런하고 마음씨 고운 아내 곽씨와 살고 있다. 서로를 아껴 주며 평화롭게 지내던 부부에게 근심이 하나 있다면 아이를 갖지 못하고 있던 것이었다. 밤낮을 가리지 않고 아이를 가지게 해 달라고 빌었는데 임신을 하게 된다. 오랜 진통 끝에 여자아이가 태어났다. 아이가 태어나고 심학규가 아내를 정성껏 돌봤지만, 아내 곽씨는 일어나지 못한다. 진찰용 로봇을 데리러 가지만 결국 곽씨 부인은 죽는다.

"아이고 부인, 그새를 못 참고 죽은 거요? 아이고 불쌍한 내 아내!"

그렇게 부인은 죽고, 심봉사는 슬픔에 빠져 몇 년 동안 우울증을 앓았다. 심청이가 열세 살이 되던 해, 가정형편이 너무 어려워져 초기가 끊길 정도가 된다. 심청이는 매일 낡은 바가지를 들고 동냥 다닌다.

그러던 어느 날 어떤 로봇이 심청이네 집 문을 두드린다. 대기업 사장인 승상부인이 보낸 로봇이었다. 승상 부인은 심청에게 딸이 되어 줄 수 있느냐고 물어본다. 심청이 눈먼 아버지를 걱정하자, 아버지가 눈을 뜨려면 가족이 눈을 이식해 주어야 하는데 오직 심청이 눈을 이식해야 한다고 말한다. 승상 부인은 심청의 몸에서 심장을 뽑아서 로봇에게 이식할 거라고 말한다.

"난 너의 몸에서 심장을 뽑아 갈 거야. 너의 심장을 인공지능 X903에게 이식하는 거지. 그뿐 아니야, 돈도 너희 아버지가 풍족하게 살 만큼 줄게."

심청은 자신을 기다리고 있던 심봉사에게 장승상댁 부인이 제안한 일을 이야기하고 수양딸이 되기로 했다고 말한다. 심봉사는 자신이 눈이 떠진다는 이야기에 기뻐한다. 심청은 자신이 로봇에게 심장을 이식한다는 사실을 알리지 않고 4일 후 약속대로 장승상댁으로 간다.

"그래, 이것이 옳은 선택인 거야. 아버지의 평생의 한을 풀어 드릴 수 있고, 돈도 준다니깐……. 아버지 부디 만수무강하세요."

심청은 장승상댁으로 떠났다. 심청은 목욕하고 수술을 하게 된다. 그렇게 심청은 자기 눈을 아버지에게 이식하고 심봉사는 눈을 뜨게 된다. 그리고 집에 돌아가서 심청이가 써 놓은 편지를 읽게 된다. 모든 사실을 알게 된 심봉사는 택시를 타고 장승상댁으로 간다. 거기서 심청이와 똑같이 생긴 로봇을 만나지만 로봇은 심봉사를 알아보지 못한다. 자신 때문에 심청이가 눈을 아버지에게 이식해 주고 몸은 이미 유골로 변한 것을 알게 된다. 심봉사는 그 사실을 인정하지 못하고 꿈이라고 한탄한다. 심봉사는 미쳐 버린다. 자기의 눈을 찌를 무엇인가를 찾다가 2개의 뾰족한 나뭇가지를 찾았다. [뒷 이야기는 너무 끔찍해서 상상으로 남기겠다고 함.]

내담자의 다시 쓰기를 보면 전체적으로 비극적인 서사구성으로 바꾸어 놓았다.

첫째, 전체적으로 서사적 완결성을 갖추고 있다. 구성에서 줄거리 변이를 살펴보면, 기존의 「심청전」 서사와 달리, 사건은 심봉사가 심청으로 인해 눈을 뜬 것을 알고 스스로 눈을 찌른다는 내용으로 결말을 비극적으로 바꾸었다. 인물이 모두 죽음에 이르는 파국적 결말을 만들어 내었다. 심청을 도와주는 장승상댁 부인을 악독한 인물로 그려 놓고, 결국 심청은 심봉사에게 눈을 주기 위해 장승상댁 부인의 요청을 거절하지 못하고 목숨을 잃는다. 그리고 심봉사도 자신에게 눈을 주기 위해 심청이 죽어서 로봇이 된다는 사실을 알고 결국 자기 눈을 찌르고 죽을 것임을 암시하며 이야기를 끝내고 있다.

둘째, 인물 변이를 살펴보면, 심봉사가 심청의 눈을 이식하는 것은 알고 있지만, 심장을 내놓고 로봇이 되는 것은 알지 못하는 인물로 그려 놓았다. 그리고 장승상댁 부인을 심청의 눈과 심장을 빼앗는 악한 인물로 그렸다. 인물 면에서 심봉사는 장승상댁 부인이 제안한 일인데 심청의 눈을 이식한다는 점에서 자식의 희생을 알고 있는 인물이다. 나중에 심장까지 이식해서 심청이 생명까지 잃었다는 것은 심봉사가 알지 못하는 것으로 그려진다. 심봉사는 자식의 눈을 받는 것은 당연하며 자식에 대한 집착이 강한 인물로 그려졌다. 자식의 몸, 미래, 마음도 모두 소유하고자 하는 욕구가 강한 인물이다. 심봉사가 심청의 죽음을 슬퍼하거나 괴로워하지 않고 한탄만 하는 인물로 그리고 있다. 또한 심청을 로봇으로 표현하여 자신의 아버지를 알아보지 못하는 존재로 표현했다. 감정 표현이 없으며, 죽음에 대한 태도가 너무 담담하게 그려진다. 그리고 아버지가 눈을 찌르고 죽는 비극적 결말로 그렸다.

셋째, 전체 주제 면에서 살펴보면, 부모를 위한 자식의 부당한 희생이라고 볼 수 있다. 심청이 로봇이 되면서까지 아버지를 위해 눈을 이식하고 심장까지 내어준다. 그러나 아버지는 로봇이 되어 버린 심청을 알아보지 못한다. 부모에 대한 희생으로 인해 자식이 불행해지는 이야기로 바꾸었다. 아름다운 효행이 아니라 부모로 인한 무조건적이고 부당한 희생으로 느껴진다.

넷째, 특이사항으로 왜 시간적 배경을 미래로 설정했을까 하는 점이다. 그리고 심청을 로봇으로 설정한 이유는 무엇인지 생각해 볼 여지가 있다. 시간적 배경을 미래로 한 것은 희망적인 미래를 그리고 있는 것이 아니다. 로봇으로 변하는 심청처럼 인간적인 감정이 사라지는 존재를 의미한다. 아니면 감정을 드러내지 못하는 자신을 표현한 부분이 아닐까 한다. 내담자가 설정한 2026년은 대학을 졸업할 나이이다. 실제 부모에게서 독립하는 나이로 설정한 것이다. 그런데 내담자는 다시 쓰기에서 미래에 대한 희망을 그리고 있지 못하고 있다. 무엇보다 아버지를 위해 자신을 희생해야 한다는 인식하고 있다. 자기 다시 쓰기 배경 이야기에서 완전한 상상으로 이야기를 바꾸었다고 한다.

내담자는 다시 쓰기에서 「심청전」서사를 자기 자기서사를 투사하는 이야기로 바꾸었다. 심청이 아버지 몰래 자기 죽음을 알리지 않고 로봇이 되어 버리는 이야기는 아버지에게서 벗어나고 싶은 욕구를 드러내고 있다. 무엇보다 심청의 죽음을 알고 스스로 자기 눈을 찌르는 아버지의 모습으로 바꾸어서 비극적인 결말로 바꾸었다. 이 부분에서 스스로 후기에서 잔인하게 그렸다고 이야기하고 있다. 매우 잔인하고 폭력적인 서사로 바꾼 것이다. 내담자의 내면에 아버지에 대한 불만과 미움의 자기서사가 서사적으로 발현되는 부분이다. 신뢰할 수 없는 아버지이자 자신을 좋아하지도 사랑해 주지도 않는 부모에 대한 원망과 미움이 극적으로 서사화되어 있다.

내담자는 미래라는 시간으로 배경을 바꾸어 자신이 성장한 후 아버지로부터 독립할 것임을 암시하고 있다. 아버지를 위해 희생하는 자신을 로봇으로 상징하여 어떤 감정도 표현하지 못하는 현실을 보여 주고 자신이 아버지에게서 벗어났을 때 자기 아버지가 몰락할 것임도 예견하는 서사로 그려 놓았다. 아버지가 스스로 자기 눈을 찌르고 죽음에 이른다는 잔인한 결말을 그려 놓았다. 아버지에 대한 분노와 원망을 서사화하고 있다. 무엇보다 자신을 로봇으로 표현하여 아무도 의지할 수도 없고 감정을 표현할 데도 없는 막막한 현실을 그리고 있다.

(3) 사례 3: 괴물이 된 심청이

달이 평소보다 높게 뜨던 날, 심청이가 태어나던 날, 사랑하는 이가 죽고, 심청이란 괴물이 지어미를 물어뜯네. 그 배 속에 있던 찬양은, 축복은 어디로 갔더냐. 축복이 저주가 된다. 붉은 핏덩이, 붉은 눈동자가 날 바라보았을 때, 내 세상은 막이 내렸네. 괴물아, 나에게 그 아리따웠던 부인을 돌려줘. 아직 태어나지도 않았던 그 이이(아들)를 돌려줘.

아버지가 포대기에 싸여 있던 아기에게 돌멩이를 던지네. 심청이는 달이 뜨던 날 저주를 받고 괴물로 태어난다. 괴물로 태어난 심청을 낳고 엄마는 죽음을 맞이한다. 심봉사는 괴물로 태어난 심청을 원망하고 자신이 바라던 아들이 태어나지 못한 것을 원망한다. 심청이는 괴물이어서 원래 태어나야 할 남자아이가 자신으로 인해 물에 빠지는 꿈을 꾼다. 심청이는 눈을 번뜩 떴다. 오늘의 꿈은 심상치 않으니 흰 국화꽃을 준비하자. 오늘의 달은 평소보다 높으니, 괴물의 사냥이 시작할 때다. 심봉사는 다리 위에서 빙글빙글 돈다. 심봉사는 세상이 닫히고, 이상한 소리에 이끌려 발걸음을 옮긴다.

"이 괴물아, 나에게 그 아리따운 부인을 돌려줘. 아직 태어나지도 않은 그 아이(아들)를 돌려줘."

심봉사는 원래 눈이 보이지 않았는데 어느 달이 뜬 날 다리 위에서 눈이 보이는데 다리 아래 아름다운 꽃이 피어 있는 곳이 보이고 이상한 소리가 들리자 다리 아래 물속으로 뛰어내린다.

심청이는 노란 민들레가 핀 무덤가에서 흰 꽃을 올려놓고 속삭였다.

"이 괴물아, 괴물의 사냥물은 당신이구나. 이 심청의 아버지구나."

그때 바다가 미쳐서 날뛰고 폭풍이 몰아치자 동네 사람들이 심청을 제물로 삼으려고 한다. 심청이는 여자였고, 가난하고 고아고 거지여서 힘이 없었기 때문에 할 수 없이 제물이 될 수밖에 없었다. 그래서 심청이는 배에 올라탔고 파도가 자신을 환영할 때, 작게 읊조렸다.

"괴물에겐 괴물이 가야 하지 않겠나!"

심청이는 흰 국화를 들고 바닷속으로 들어갔다. 죽은 줄 알았던 심청이가 살아났다. 신이 말했다.

"인간은 고독 속에서 살 수가 없어, 인간은 자신을 속일 수가 없구나. 너도 잘 알고 있지 않으냐, 괴물아, 너는 괴물이냐?"

심청이는 자신을 괴물이라고 말한다. 신이 살려 주겠다고 했지만, 심청이는 살려 주지 않아도 된다고 대답한다. 신은 심청을 살려 주었지만, 심청이는 부모님 무덤가 근처에 목을 매달고 죽는다. [꿈이라고 함]

[환상 부분] 심봉사의 꿈. 심봉사는 아이를 낳는 부인에게 다급하게 달려간다.

"괜찮아요. 괜찮아요, 여길 봐요. 이 아이가 축복받고 태어났잖아요."

우는 아이를 보며 심봉사가 말한다.

"이 아이를 위해, 내 이름을 지어 주자면, 빛나게 살아가라는 뜻으로 이름에 '화'

를 붙여 심화라고 합시다."

이 아이는 세상의 축복을 받고 태어났다.

엄마가 있고 눈을 뜬 아버지 곁에서 남자아이는 행복하게 살았다.

내담자의 다시 쓰기는 서사적으로 많은 변화를 보여 주고 있다.

첫째, 전체 서사적으로 완결성이 있으며, 많은 변화를 통해 새로운 서사를 만들어 내었다. 내담자는 다시 쓰기에서 환상적인 꿈으로 상황을 설정하고 심청을 괴물로 설정한다. 원래 태어나야 할 아들이 못 태어나고 심청은 딸로서 괴물로 설정한 이야기로 바꾸었다. 결국 어머니는 죽고 심봉사도 죽음을 맞이한다. 심청까지도 죽는 것으로 이야기 결말을 바꾸었다. 인간은 고독 속에서 살 수 없다고 하는 이야기는 자기 마음속 힘든 서사를 드러내 보이는 부분이다. 심봉사는 자신이 바라던 아들이 태어나지 못한 것을 원망한다. 즉, 심청이 힘들어서 죽는 것으로 바꾸었다. 그런데 그 죽음도 모두 꿈이고 결국 심봉사는 아들을 얻어 아내와 행복하게 산다는 내용으로 바꾸었다. 환상 속에서 심봉사는 아들을 낳고 그 아이는 어머니가 있고 눈을 뜬 아버지 곁에서 행복하게 살았다고 결말을 짓는다.

둘째, 인물 변이를 살펴보면, 아버지가 심청을 괴물로 보았다고 설정한 점이 특이하다. 심청을 어머니를 잡아먹고 태어난 괴물로 본 것이다. 사신이 딸이어서 겪는 불공평함을 괴물로 설정한 심청을 통해 보여 주는 것이다. 스스로 제물이 되는 심청을 통해 내담자는 희망은 없다고 말하고 있다. 딸이 아닌 아들이었어야 자신도 행복할 수 있었을 거라고 이야기한다. 자기 현실 속에서의 절망을 「심청전」 다시 쓰기를 통해 토로하고 있다.

셋째, 전체 주제 면에서 살펴보면, 아들로 태어나야 행복할 수 있다는 이야기로 바꾸었다. 그래서 심청 대신 아들이 태어나서 행복해지는 결말로 바꾸었는데, 아들로 태어나지 못한 자신에 대한 슬픈 운명을 탓하는 자기서사가 드러나고 있다. 평소 가장 싫어하는 인물로 오빠와 남동생이라고 말하는 내담자의 가족관계 역동을 읽을 수 있다. 내담자는 대책 없는 아버지와 무관심한 어머니, 그리고 항상 제멋대로인 오빠와 남동생을 증오하며 살아가고 있다.

넷째, 특이사항으로, 내담자는 다시 쓰기 이야기의 배경에 대해 심청이 자살을 하는데 그것이 꿈이라는 상상을 펼쳐 놓았다. 고쳐 쓰고 싶었던 부분은 심청이 다시 살아나는 부분이라고 한다. 그리고 심청은 힘들어서 죽는 것으로 내용을 바꾸었다.

> 심봉사가 환청이 들려서 "괴물아! 괴물아! 어디를 가느냐!" 그 목소리를 따라가다가……. 다리 위에서 보니 꽃이 보여서 뛰어내려서 죽어요. 심청이는 고아고 여자에다 어려서 희생제물이 되어요. 스스로 제물이 돼요. 죽어요. 죽어 엄마 아빠 무덤가에 가요. 무덤 앞 나무에서 목매달고 죽어요. 무덤가에 가는 이 부분은 상상이에요. 바다에 뛰어내려 죽기 전에 상상한 부분이요. 죽은 후 심화라는 남자아이가 태어나서 심봉사는 행복하게 살아요. 희망은 없다고 말하고 싶어서……. 심청이가 아닌 다른 아이가 심봉사랑 살고 있겠지. 딸이 아닌 아들이어야 행복했겠지.

내담자는 희망이 없는 심청이 자살하는 이야기로 바꾸면서 심봉사도 자살하는 이야기로 바꾸었다. 다시 쓰기 이야기 나누는 부분에서 죽음이라는 단어가 너무 여러 번 나온다. 다시 살아난 심청도 자살하게 된다. 실제 이 당시 내담자는 정신적으로 매우 힘들어서 죽음을 생각해 본 적이 있다고 하였다.

내담자는 이 부분에서 자신을 괴물로 보고 세상을 원망하고 거부하는 자기서사 반응을 드러낸다. 심청을 괴물로 바꾸고 어머니를 잡아먹고 환상적인 꿈으로 설정하여 무의식 속에 자신이 남자아이였으면 하는 무의식적 소망을 표현하고 있다. 자신이 부모에게서 받은 딸이라는 차별 요소에 대해 깊은 상처를 내면에 가지고 있음이 드러난다. 딸이 아닌 아들이었으면 행복했을 것이라고 이야기하고 있다. 딸로서 겪었던 성장의 아픔이 고스란히 내면화되어 있다.

스스로 딸이니까 부모가 바라던 아들이 아니라서 불행하다고 생각하고 희망을 잃어버린 모습이다. 심청을 괴물로 설정하고 스스로 목숨을 버리는 장면으로 바꾼 것은 심리적인 고통을 잘 드러낸 부분이다. 초기 문학치료 과정에서 내담자는 초기에 자신을 숨기고 눈치를 보던 모습에서 서서히 다른 내담자들의 개방적인 태도에 동화되어 자기 상처를 겉으로 드러내었다. 문학치료 집단상담 장면에서 다른 내담자들과 신뢰를 형성하고 서로를 연민하고 공감하는 문학치료 집단상담의 힘을 체험하면서 자신을 점점 개방하기 시작한다.

✺13회기 부모화된 삶에 대한 연민과 공감의 시 쓰기

1) 활동 목표

　심청을 주제로 시 쓰기에서 내담자는 앞의 활동을 통해 심청에 대해 느낀 자기 정서를 표현한다. 심청에 대한 자기감정을 상징적으로 표현하여 마음속 깊은 곳에 있는 감정을 배설하고 카타르시스를 얻는 활동이다. 내담자 자신을 심청이라고 인식하고 자기 마음속 깊은 곳에 있는 감정을 표현하게 된다.

2) 활동 전개

- 내담자는 심청을 소재로 시 쓰기 활동에서 심청에 대한 동일시를 이루어 자기 감정을 상징적으로 표현한다.
- 심청의 마음에 공감하고 심청이가 되어 시를 쓰고 이야기를 나눈다.

3) 활동 사례

(1) 사례 1: 부인 역할을 하는 심청

　　태어나고 보니
　　어머니는 없고
　　아버지는 눈멀었더라.
　　한 분뿐인 아버지
　　내가 잘 돌보아야지

부인 없는 아버지
내가 부인 역할 해야지
그게 내가 태어난 이유다.

내담자는 어려서부터 부모에게서 버림받은 자신과 심청의 처지가 동일시되어 시로 그 감정을 나타내었다. 자신이 태어난 이유는 아버지를 돌보아야 하는 존재라고 인식하고 있다. 자기 부모에 대한 인식과 자기서사가 잘 드러난 부분이다. 시 속에 어려서부터 부모의 돌봄을 받지 못한 삶이 표현되어 있다. 어린 시절 어머니는 아예 없었다. 부모의 이혼으로 아버지도 내담자를 전혀 돌보지 않았다. 거기에다가 철없는 부모에 대한 집착 또는 희생이 적나라하게 나타났다. 특히 어려서부터 부모에게서 버림받은 자신과 심청의 처지가 동일시되어 시로 그 감정을 나타내었다.

(2) 사례 2: 삼백 석을 구하러 가는 심청

'꼬끼오'
닭들의 울음소리에 일어났다.
'아빠 진지 차려 드려야지'
밥을 동냥하러 돌아다녔다.
힘들지만…… 뭐.
그렇게 아침을 먹고, 쌀 삼백 석을 구해 보러 다녔다.
하지만 아무도 쌀늘 수시 않있다.
'내일도 다시 구해야지!'
오늘따라 해가 길었다.

내담자는 시 쓰기 활동을 통해 힘든 삶의 과정을 토로한다. 아버지를 위해 밥을 동냥하러 다니는 심청의 삶을 시로 표현한다. 심청서사에 공명하여 연민과 공감을 표현하고 있다. 심청이 자신도 힘들지만 받아들여야 하는 삶을 받아들이는 것처럼, 자신도 자기 삶에 대해 힘들지만 받아들여야 하는 현실을 이야기한다.

그런데 아무도 쌀을 주지 않았다는 표현에서 절망적인 현실을 이야기한다. 실제로 내담자는 아버지가 일을 안 해서 복지금으로 생활하고 친척의 도움을 받고 생활하고 있다. 집이 없어서 할아버지 집에 온 가족이 얹혀 살고 있어서 자기 방을 가져 본 적이 없다. 자신이 스스로 '내일도 다시 구해야지!'라는 표현에서 심청의 희생적이고 힘든 삶을 잘 표현하고 있다. 그러한 삶에 좌절하지 않고 일어서야 하는 절박감도 표현했다. '오늘따라 해가 길었다.'라는 표현에서 힘들게 버텨 내는 현실의 삶에 대해 토로하고 있다.

내담자는 심청에게 시 쓰기 활동을 통해 심청의 희생적인 삶에 공감하고 자기 삶과 빗대어 표현하고 있다. 마치 자신이 심청이 된 듯이 내면화되어 감정이입을 하고 힘든 삶에서 벗어나고 싶은 욕망을 내포하는 시 쓰기를 보여 준다.

(3) 사례 3: 세상은 붉은 시선의 칼날이 되어

> 고함소리 들려오고
> 배가 쿵적쿵적 움직이면,
> 재촉하는 소리와 나에게
> 향하는 붉은 시선은, 발에 드리워진
> 그림자가 더 길어진다네.
> 붉은 시선과 배의 맞닿은 파도소리는

시야를 어지럽게 해

증오스럽고~ 증오스럽지만~

그래도 어찌하랴. 길어진 그림자는

이미 발을 묶었고, 붉은 시선은

칼날이 되어 있는데!

어찌하랴~ 어찌하긴~

들리우노라, 나의 세상아, 이 또한

내 선택이라지만, 견디기가 너무나도 가혹하니,

저 파도를 내 벗 삼고, 그림자를 엮어

꽃을 만들고, 붉은 시선의 칼날을 적에게

향하여 뛰어내리니.

부디 세상은 나를 축복해 주렴~

　특히 내담자의 시는 부모와 결별하고 새로운 인생으로 태어나고 싶다는 소망이 극적으로 표현되어 있다. 심청이 배에 올라타서 떨어지는 부분을 통해 자기 무의식적인 욕망을 해소하고 있다. 자신을 돌보지 않는 부모와의 인연을 끊고 죽음을 통해 다시 태어나고 싶다는 심리적 열망을 표현한다. '붉은 시선'은 부모에게 효를 행하라는 세상의 법칙을 비유한 것이다. 내담자는 자신이 효도를 다 하지 못하고 있다는 가책을 남의 시선인 '붉은 시선'으로 상징하여 표현하고 있다. 자기 그림자를 '꽃'이리는 새로운 존재로 바꾸고 싶은 욕망을 드러내고 있다. 세상에 대한 자기 처지를 증오스럽고 칼날 위에 서 있는 모습으로 인식하고 있다. 내담자에게 세상은 가혹하고 붉은 시선으로 혐오를 보내는 존재이므로 항상 힘들고 증오스럽다.

✽14회기 편지 쓰기를 통해 자아변화 표현하기

1) 활동 목표

내담자는 심청에게 편지 쓰기에서 심청의 삶에 공감하고 자기 삶을 성찰하는 시간을 가지게 된다. 자신에게 닥친 어려움은 무엇이며 그것을 이겨 낼 희망은 무엇인지 탐색하며 자아변화가 드러나는 부분이다. 심청의 마음을 읽어 내면서 자기 마음을 심청에게 몰입하여 투사적으로 드러내는 장면이다.

내담자는 심청에게 편지 쓰기 활동을 통해 심청이라는 인물의 삶에 대해 공감하고 자기 삶을 성찰하는 시간을 가진다. 시간을 통해, 그동안 이루어진 문학치료 프로그램을 마무리하면서 심청에게 솔직한 마음을 전한다.

2) 활동 전개

- 내담자는 심청을 떠올려서 친구처럼 심청에게 자기 마음을 편지글로 표현한다.
- 자신에게 닥친 어려움은 무엇이며 그것을 이겨 낼 희망은 무엇인지 탐색하는 활동 시간을 가진다.
- 진솔하게 감정을 표현하도록 지도한다.

3) 활동 사례

(1) 사례 1: 너의 삶을 찾기를 바라

> 안녕 심청아.
> 네가 등장하는 소설 잘 읽어 보았어.
> 그 뒤 내용은 모르지만, 행복하게 살고 있기를 바라.
> 처음에 아버지를 위해 희생했다고 하지만
> 아버지의 눈은 떠지지 않았으니 아버지를 위한 희생이 아닌
> 네가 아버지에게 벗어나려는 방법이었다고 생각해.
> 심청이 네가 진정한 자아를 찾고 아버지를 위해 잔치를 열어 아버지를 찾고
> 도움을 주는 게 정말 멋있었어. 남을 돕는 건 정말 좋지만 다른 사람들 때문에
> 너의 모습을 잊어버리지 않았으면 좋겠어.

내담자는 심청의 희생을 아버지에게서 벗어나는 방법이라고 했다. 현재 부모로 인한 부담을 벗어나고 싶은 마음이 담겨 있다. 그리고 진정한 자아를 찾고 아버지에게 도움을 주는 부분이 멋있다고 한다. 남을 돕는 것은 좋지만 자신을 잊어버리지 않았으면 좋겠다는 이야기 속에 부모화 경험을 통해 왜곡된 진정한 자아를 찾고자 하는 생각이 싹트고 있음을 알 수 있다.

(2) 사례 2: 힘든 시간을 이겨 낸 너에게

> 안녕하세요. 심청님!
> 댁은 평안하신가요?

심청님! 심청님은 태어나서부터 불우한 환경에서 자란 분이신데도 불구하고….

성공하셨어요!

너~무 부럽다! 아마 힘든 시간이 있었기에 그런 거겠죠?

아니, 말……, 좀……, 불편하니깐 반말할게!

솔직히 네가 어릴 때 엄마 없이 아빠를 봉양했잖아?

그런 거 보면 조금 "당연한 건가?" 싶기도 했어.

솔직하게 말해서 당연히 부모님이 낳아 주셨으니까 그래야 한다고 생각했거든…….

그런데 내가 다른 사람을 보면 다들 그런 건 아니더라고…….

네가 참 대단한 것 같아.

그렇지만 뭔가…… 공양미 삼백 석 때문에 죽음을 택한 건 좀 안타까웠어.

물론 네가 다시 태어난 계기지만…….

그래도 요즘 널 보면 대단한 것 같아! 멋있어!

그리고 그냥 너 대단해!!!!

내담자는 인물에게 편지 쓰기 활동을 통해 심청에게 완전히 공감하고 동일시하여 자기 내면을 간접적으로 표현한다. 우선 심청의 성공을 부러워한다. 심청이 스스로 자기 삶을 선택하고 성공한다는 작품서사에 공명하고 있다. 그리고 심청이 성공한 것은 힘든 시간을 견뎌 냈기 때문이라고 이야기한다.

내담자는 부모에게 잘해야 한다는 책임감이 있다. 아버지에 대한 의무감과 무거운 책임감이 있으나, 이 부분에서 부모에 대한 무조건 희생해야 한다는 자기서사에서 벗어나고자 하는 의식이 싹트고 있음을 알 수 있다. 심청에게 동일시하는 내담자는 심청의 성공을 대단하다고 칭찬하면서 다시 태어난 심청을 칭찬하는 마음을 전한다. 또한 자기 소망을 표현하고 있다. 심청에게서 가장 자신이 부러워하는 것은 성공이다. 내담자는 자신도 심청처럼 힘든 시간을 보내고 멋있게 성공할 미래를 꿈꾸는 마음을 표현하고 있다. 편지 쓰기 매체의 특성상 심청을 위로하고 지지하는 편지글이지만 사실은 자기 자신에게 주는 편지이기도 하다.

내담자는 심청에게 편지 쓰기 부분에서 심청에게 동화되어 자기 이야기를 은유적으로 표현했다. 이 활동을 통해 의식적으로 고난을 극복하고 자기 정체성을 되찾는 인물에 대해 공감하고 자기 삶을 성찰하는 시간을 가진다. 자신에게 닥친 어려움은 무엇이며 그것을 이겨낼 희망은 무엇인지 탐색하는 시간이다. 심청에 대해 공감하고 연민하는 마음을 편지 쓰기로 표현했다.

(3) 사례 3: 절망 속에서도 자기 삶을 찾아

> 심청아, 안녕!
>
> 단도직입적으로 적을게!
>
> 심청아! 너 바다에 뛰어들었을 때……. 열라~ 절망했지?
>
> 아버지는 까막눈이라 어린 널 잘 씻겨주지도 못 했을 거고…….
>
> 그렇다고 글씨를 가르치기도 힘들고 말이야.
>
> 아버지 살린다고 여기저기 먹을 거 구하러 다니고
>
> 겨울 되면 EXIC '덜덜덜' 노래에 빙의된 듯 떨었을 기고…….
>
> 분명 너를 보며 수군대었을 이도 있었을 거고…….
>
> 근데 혈육이라고 해서 기껏 살린 아비 놈은 사기를 당하지 않나!
>
> 당당하게 '너 이제 죽은 목숨이다'라고 알리는 꼴을 봐라! 엿 같겠지!

나 같음, 이미 고혈압으로 뒤졌을 거야.

그렇게 해서 고작 바다로 올라가서 떨어졌는데,

눈앞에 용왕이 있고, 혹시 몰라! 눈앞에 있는 용왕한테 대들다가 목 썰릴지…….〔허상〕

근데 그게 뭔 소용이야!

죽기 전 헛소리를 보는 건지,

눈 떠 보니까 연꽃!!

근데 나 같음. 왕 목을 썰 거다.

약간 왕을 조종하는 왕비가 될 듯

아버지는 죄책감이 있으니까 넓은 방 하나 주고 말이야

솔까〔솔직히 까놓고〕, 난 네가 그냥 자살한 것 같아!

아닐 수도 있겠지만 희생이라고 부르기엔 너무…….

아버지가 방관한 탓인지……. 네가 죽음을 받아들여서 그런지…….

어휴! 몰라! 난 네가 자살한 것 같았어!

그리고 다시 태어날 때 자기를 높일 수 있는 최고 수단인 왕? 왕자? 늘 회유하고…….

와! 소설을 쓰고 있네!

이거 심청이가 모욕죄로 고소해도 할 말이 있을 듯…….

그렇게 해서 왕비가 되었는데…….

나 같음 이미 살 의지를 잃었다.

높은 자리 있으면 뭐 해?

과거의 내가 없어지는 것도 아닌데…….

어쨌든 그럴 듯…….

내담자는 부모를 위해 자신을 버리는 심청을 이해하지 못하겠다고 진술한다. 심청을 통해 그동안 자신에게 아무것도 해 준 것이 없는 부모에 대한 원망을 구체적으로 하고 있다. 어려서부터 제대로 돌봄을 받지 못한 자기 처지와 심청의 삶이 대응되어 공명이 이루어지고 있다. 자신에게 수군댔던 친구들을 떠올리고 그 분노가 다시 살아난 이후 왕을 죽이겠다고 이야기하고 있다. 그리고 심청은 자살했다고 생각한다. 아버지가 방관한 탓이라고 말하며 자신이라면 살 의지를 잃었다고 한다. 그동안 어려서부터 부모의 방관과 무관심으로 인해 얼마나 힘들었는지 알 수 있는 부분이다.

　그래서 오히려 부모를 굳이 돌볼 필요가 있는지 의문을 제기하고 있다. 그동안 이루어졌던 문학치료 프로그램을 마무리하는 활동으로서 심청에게 편지 쓰기 활동에서 내담자의 자기서사가 투사적으로 나타나고 있다. 그동안 늘 조용하고 무기력하게 보이던 내담자는 심청의 서사를 거울로 자기 내면을 들여다보고 자신을 객관적으로 드러내게 된다.

✽ 15회기 소감 나누기를 통해 자아변화 인식하기

　문학치료 프로그램을 마무리하는 마지막 회기에는 서로 소감을 나누는 시간을 가진다. 처음 문학치료 프로그램을 시작하면서 가졌던 생각과 현재 마무리하는 시점에서 각자 느끼는 감정과 생각을 이야기하는 활동을 한다. 활동지에 자신이 처음에 가졌던 생각과 활동 이후에 달라진 생각을 적어 보고 돌아가면서 이야기를 나누고 서로 피드백해 주는 활동을 전개한다.

(1) 사례 1

상담자: 「심청전」 이야기 중 가장 기억에 남는 부분이 어느 장면이었는지 이
야기를 해 보세요.

내담자: 심청이가 배에서 뛰어 내리는 장면이 너무 울컥했어요.

상담자: 자신과 심청을 비교한다면 어떤 점이 비슷한지 아니면 다른지 이야기
해 보세요.

내담자: 심청이는 한심한 아이예요. 나와 비슷하다고 생각돼요. 가족 중에 할
머니가 가장 걱정이 됩니다. 매우 예민하시고 속 안으로 걱정을 삼키
는 성격이에요.

상담자: 가족 중 가장 싫거나 부담스러운 사람은 누구이니 이유도 생각해 봅
시다.

내담자: 아빠요. 그리고 친할머니예요. 아빠는 '나 너를 사랑하는 거 알지?'라
고 하는 데 매우 싫습니다. 친할머니는 그냥 다 싫습니다.

상담자: 「심청전」을 깊이 읽고 이야기를 나누는 문학치료 수업을 통해 얻은
것은 무엇인가요?

내담자: 엄마가 답답한데 나도 엄마처럼 될 것 같아요. 무조건 사람을 돕거나,
미워하면 안 된다는 생각이 들었어요. 이 시간은 내 진심이 뭔가 제대
로 알 수 있어서 좋습니다.

내담자는 마무리 시간에 가장 기억에 남는 장면으로 심청이 희생하는
장면을 떠올렸다. 그리고 심청을 자기와 비슷한 인물이라고 하면서 한심
하다고 반응했다. 자신과 심청을 동일시하고 자신에 대한 평가를 한 것으
로 보인다. 부모를 위해 무조건 희생하는 심청은 전혀 부모에게서 돌봄을
받지 못했으나 부모에 대한 책임감을 느끼고 있는 자신에 대한 평가가 아

닐까 한다. 가장 싫은 사람은 아버지와 친할머니라고 했으며 아버지에 대한 미움의 감정을 토로했다. 문학치료 프로그램을 통해 얻은 것은 자신이 어머니처럼 무책임한 사람이 될 것 같다는 걱정을 했다. 그리고 무조건 사람을 돕거나 미워하면 안 된다는 생각이 들었다고 했는데, 자기 내면에 부모화된 자아에 대해 인식하게 되었음을 드러낸다. 이 문학치료 시간을 통해 자기 진심이 뭔지 알 수 있다고 이야기했다.

(2) 사례 2

상담자: 「심청전」 이야기 중 가장 기억에 남는 부분이 어느 장면이었는지 이야기를 해 보세요.

내담자: 인당수에 몸을 담그는 장면이요. 그냥 떠올랐어요. 울컥해요.

상담자: 자신과 심청을 비교한다면 어떤 점이 비슷한지 아니면 다른지 이야기해 보세요.

내담자: 심청과 나는 비슷한 듯 다르다고 느꼈어요. 가족관계는 비슷하지만 나는 심청처럼 몸을 담글 정도는 아닌 듯해요.

상담자: 가족 중 가장 싫거나 부담스러운 사람은 누구이니 이유도 생각해 봅시다.

내담자: 가장 걱정이 되는 사람은 오빠예요. 할머니와 할아버지도 걱정입니다. 가장 싫은 사람은 없습니다.

상담자: 「심청전」을 깊이 읽고 이야기를 나누는 자아성장 수업을 통해 자신이 얻은 것은?

내담자: 꼭 부모의 말이 진리는 아니라는 생각이 들었습니다. 「심청전」을 읽고 나의 삶에 비교해 보기도 하고 직접 인물이 되어 보기도 하고 책을 읽으며 내 삶과 비교해 보게 되니 인물의 마음을 헤아리기 쉬워졌어요.

내담자는 「심청전」을 마무리하면서 가장 울컥했던 장면으로 심청이 인당수에 몸을 던지는 장면을 꼽았다. 그리고 가장 걱정이 되는 인물로 오빠를 이야기하고 있다. 싫어하는 가족은 없다고 이야기한다. 아버지 이야기는 빠져 있다. 아직도 내담자의 부모화 경험이 너무 많은 영향을 주고 있다. 초기 문학치료 프로그램을 통해 자신이 얻은 것은 꼭 부모의 말이 진리는 아니라는 사실을 깨달았다는 것이다. 그동안 너무 당연시해 오던 부모에 대한 책임감과 거리에 대해 새롭게 인식하기 시작한 것이다. 자신이 직접 심청이 되어 보기도 하고 자기 삶과 비교해 보면서 많은 것을 깨달았다고 한다. 부모화된 자기 삶을 「심청전」 작품서사와 만나면서 직면하고 자기 삶을 성찰하고 새로운 삶을 향해 변화하고 있다.

(3) 사례 3

상담자: 「심청전」 이야기 중 가장 기억에 남는 부분이 어느 장면이었는지 이야기를 해 보세요.

내담자: 심봉사가 물에 빠질 때 왜 안 죽었을까 해서…… 강(그냥) 그대로 꼴까닥 하는 게 더 이득이지 않을까 하는 생각이 들었어요. 그다음으로는 심청이가 배에서 떨어질 때 죽을까 봐 심청이가 진짜로 죽었을까 해서…….

상담자: 자신과 심청을 비교한다면 어떤 점이 비슷한지 아니면 다른지 이야기해 보세요.

내담자: 심청이는 고생하지만 저는 아닌 것 같아요. 그리고 심봉사는 멍청하고 저 새끼[아빠]도 멍청하다고 봅니다. 심청이는 나와 다르지만, 심청 주위의 인간들이 내 주변의 인물과 좀 닮았다고 느꼈어요.

상담자: 가족 중 가장 싫거나 부담스러운 사람은 누구니 이유도 생각해 봅시다.

내담자: 아오! 밤마다 소리를 질러서 잠을 잘 수가 없어! 그 새끼!![오빠와 남동생]

상담자: 「심청전」을 깊이 읽고 이야기를 나누는 문학치료 프로그램을 통해 자신이 얻은 것은?

내담자: 제 가족에 대한 심리상태를 알게 되었어요. 나의 삶은 스트레스!

내담자는 소감 나누기 시간을 통해 가장 기억에 남는 장면으로 심봉사가 물에 빠지는 장면이라고 했다. 그때 죽었어야 한다는 것이다. 아버지에 대한 원망과 미움이 그대로 드러난다. 심봉사와 아버지를 동일시해서 아버지를 멍청하다고 표현한다. 이 상담을 통해서 얻은 것은 자기 가족에 대한 심리상태를 알게 되었는데, 자기 삶은 가족이 스트레스라고 한다. 초기 문학치료 프로그램을 통해 내담자는 다른 내담자들과 함께 가족에 대한 고민을 털어놓으면서 서로 공감하고 연민하는 시간을 통해 매우 개방적인 치료 경험을 했다고 한다. 자기감정을 솔직하게 쏟아 놓을 수 있는 집단의 힘을 느끼고 상담 시간이 기다려진다고 한다.

청소년의 자아성장을 위한
문학치료

8

후기
문학치료 프로그램

- 1회기 시작하기
- 2회기 내담자 심리 진단 평가
- 3회기 가족관계 재인식하기
- 4회기 바리데기를 거울로 자아 성찰하기
- 5회기 바리와 동일시를 통해 나와 마주하기
- 6회기 부모에게서 버려진 삶 자각하기
- 7회기 나를 성장하게 한 존재 탐색하기
- 8회기 나의 삶 새롭게 바라보기
- 9회기 고난 극복을 통한 자아성장 탐색하기
- 10회기 미래를 위한 자아성장의 길 찾기
- 11회기 새로운 삶으로 나아가기
- 12회기 자아변화 인식하기
- 13회기 자기개방으로 가족 받아들이기

8

후기
문학치료 프로그램

✸ 1회기 시작하기

첫 회기는 후기 청소년기 자아성장 문학치료 프로그램의 출발점이다. 후기 청소년기 자아성장 문학치료 프로그램에 대한 안내와 함께 문학치료 프로그램 텍스트를 소개한다.

내담자는 후기 청소년기 자아성장 문학치료 프로그램의 텍스트로 「바리데기」를 안내받고 텍스트를 이해하는 활동을 하게 된다. 이 단계에서 가장 중

[그림 8-1] 바리데기(휴머니스트, 2013)

요한 것은 내담자가 텍스트를 흥미 있게 받아들이는 과정이다.

부모화된 청소년에게 「바리데기」는 자기 삶을 성찰하고 탐색하게 할 수 있는 문학치료 가치가 높은 작품이다. 특히 이야기를 좋아하는 청소년의 특성에 잘 맞는 작품이다. 첫 회기에서 「바리데기」를 소개하고 같

이 읽으며 자연스럽게 이야기 속으로 빠져들도록 이끌어야 한다. 「바리데기」는 구비문학으로서 이본도 많고 텍스트도 다양하니 청소년용으로 출간된 고전 읽기 시리즈에서 마련하는 게 좋다. 판소리 문학의 특성상 내용도 천차만별이고 그 내용 또한 다양하기 때문이다.

실제 자아성장 문학치료 과정에서 내담자는 옛이야기로만 듣던 「바리데기」를 새롭게 접하면서 이야기 속에 자기 삶을 투영하게 된다. 상담자는 내담자가 자연스럽게 작품 속으로 빠져들 수 있도록 이야기를 안내하고 작품이 문학치료 상담 장면에서 쓰인다는 것을 소개한다.

❋2회기 내담자 심리 진단 평가

1) 자아분화도 검사

후기 청소년기 자아성장 문학치료 프로그램은 부모에게서 정서적 심리적으로 독립하여 자아성장을 이루는 데 목적이 있다. 부모에게서 독립하여 자아성장을 이루는 데 꼭 필요한 자아성장 요소는 자아분화이다. 후기 자아성장 프로그램을 시작하기 전에 각 내담자가 얼마나 부모에게서 독립할 수 있는 자아분화도를 보이는지 진단한다.

(1) 사례

〈표 8-1〉 내담자의 자아분화도 검사 결과표

구분	인지적 기능 대 정서적 기능	자아 통합	가족 투사과정	정서적 단절	가족 퇴행	계
점수	12점	24점	11점	9점	36점	92점

내담자는 자아분화도 검사에서 전체 180점 만점을 기준으로 볼 때 모든 영역의 점수가 매우 낮게 나왔다. 자아분화가 잘 이루어지지 못해서 가족과 분리되지 못하고 정서적으로 융합된 상태이다. 인지적 기능 대 정서적 기능의 조화가 잘 안 되고, 특히 정서적 단절이 매우 낮은 상태이다, 가족투사 점수가 낮고, 가족퇴행도 점수가 낮은 편이다. 그에 비해 자아통합은 잘 이루어지는 면이 있다고 응답했다.

2) 자아존중감 검사

내담자는 자아존중감 검사에서 전체 100점 만점 기준으로 볼 때 다소 낮은 점수 결과를 얻었다. 자기비하 항목에서 낮은 점수가 나왔고, 타인과의 관계에서는 자신이 타인에게 사랑받는 존재라고 인식하여 조금 높게 나왔다. 지도력과 인기 부분에서 자기 외모나 인기가 있다는 응답을 했으나, 자기주장 부분에서 낮은 결과를 보였다.

〈표 8-2〉 내담자의 자아존중감 검사 결과표

구분	자기비하	타인과의 관계	지도력과 인기	자기주장과 불안	계
점수	15점	15점	18점	12점	60점

내담자는 평소에 자신감이 부족하고 소극적이며 다른 사람들과 잘 지내기 어렵고 다른 사람들에게 인기가 없고 자신이 다른 사람보다 강하지 못하다고 생각하는 경향이 있다. 무엇보다 자기주장을 잘 펼치지 못하고 행복하지 못하며, 자신이 하고자 하는 일에도 자신이 없는 편이다.

이러한 자아분화도와 자아존중감 검사를 통해 내담자의 자아성장 요소가 어떠한지 평가하고, 앞으로 후기 청소년 자아성장 문학치료 프로그램의 방향을 설정하는 데 기초로 삼았다.

자아분화도 면에서 부모화된 청소년은 가족 투사도 점수가 낮고 정서적 단절이 심하고 가족퇴행도 문제가 많은 편으로 나타났다.

후기 문학치료 프로그램의 사전검사를 통해 자아분화도와 자아존중감 정도를 알아보았다. 자아성장 목표라고 할 수 있는 자아분화도에서 내담자는 전체적으로 매우 불안정하고 퇴행적인 결과를 보였다. 인지적·정서적 수준이 낮고 가족 통합이 불안정하고 가족퇴행 점수가 너무 낮았다. 현재 고등학교 진학 이후에 집을 나가서 기숙사 생활을 시작하였지만, 여전히 아버지로부터 간섭과 집착에 시달리고 있고, 특히 예전과 다르게 자주 갈등하고 싸우는 일이 많아서 이러한 결과가 나온 것이다. 바람직한 자아분화는 긍정적인 가족관계 안에서 성장하고 발달하면서 이루어진다는 점을 고려할 때 매우 염려스러운 부분이다. 다행히 자아존중감 검사에서는 타인과 자기 자신에 대한 자아존중감 정도가 높게 나왔다. 고등학교 진학 이후로 점점 더 자신에 대한 긍정적인 생각을 하고, 학교 교사들과 친구들에게 인정받는 자신을 좋게 바라보고 있다. 이러한 긍정적인 변화는 동적 가족화 그림에서 상징적으로 잘 나타나고 있다. 단지 자아분화도 문항에서 당장 집을 나가고 싶고 가족과 떨어져 지내고 싶다고 응답한 부분은 현재 내담자가 내적으로 심한 성장·발달의 혼돈 상태라고 여겨진다. 그럼에도 불구하고 예전과 다르게 솔직하게 자기 아버지에 대한 원망을 표현하고 직접 대들고 싸워서 대립하는 일이 많아서 문제이긴 하지만 자아성장 과정에서 겪을 수 있는 현상으로 보인다.

✽3회기 가족관계 재인식하기

후기 자아성장 문학치료 프로그램의 시작 단계에서 가족 상황과 관계의 변화를 알아보기 위해 동적 가족화 그리기를 실행한다. 17세 후기 청소년기로 들어서면서 14세 때와는 다른 자아 독립의 자아상을 보여 준다.

(1) 사례: 후기 가족 동적화

[그림 8-2] 내담자의 후기 프로그램 동적 가족화

내담자의 동적 가족화는 현재 자신이 처한 현실을 너무 분명하게 보여 주고 있다. 왼쪽에 비 오는 날 우비를 입고 앞으로 가려 하고 있다. 노래를 부르며 가고 있지만, 팔다리가 너무 연약하고 발밑에 물웅덩이가 있어 위험하고 불안한 내담자의 내면을 상징하고 있다. 무엇보다 차를 타고 있는 아버지를 어린아이로 그려 놓아서 철모르고 위험한 행동을 할지 모른다는 불안함을 나타낸다. 차 앞에서 우산을 쓰고 쭈그려 앉아 있는 오빠도 역시 아버지로부터 위협을 받는 모습을 그렸다. 멀리 할아버지, 할머니도 우산을 쓰고 위험에서 피해 있는 상황이다. 가장 인상적인 것은 어머니의 무덤을 그려 놓고 그 위에 커다란 해를 그렸다. 돌아가신 어머니는 자신을 지켜 주고 도와주는 존재이자 그리움의 대상이다.

내담자가 그린 동적 가족화는 이전과는 다른 자아변화를 보여 준다. 이전 초기 활동에서 그린 동적 가족화에서 왼쪽에 그린 돌아가신 어머니를 오른쪽 맨 위 무덤으로 그려 놓았다. 마음속에 그리움으로 남은 어머니를 이제는 다른 눈으로 그린다. 자신을 아직 가냘픈 아이로 그렸지만, 맨 왼쪽에 그려서 자신을 자아의 중심으로 그려 놓았다. 비 오는 날이지만 우비를 입었고, 어두운 밤길을 가고 있지만 머리 위에 밝은 불빛이 길을 비추고 있다. 노래를 흥얼거리며 앞으로 나아가는 모습이다. 아버지를 오른쪽 맨 끝에 아래 그려 놓고 아이처럼 위험하게 차를 몰고 있어서 위협이 되지만, 오빠가 그 앞에서 자신을 지켜 주고 있다. 할머니와 할아버지도 아버지를 피해서 두 분이 우산을 쓰고 웃고 있다. 무엇보다 흥미로운 것은 자신은 지금 밤길을 걷고 있지만 멀리서 커다란 태양이 떠오른다는 모습을 상징적으로 그렸다. 자기 미래에 대한 희망을 투사로 표현하는 모습이다.

✻4회기 바리데기를 거울로 자아 성찰하기

1) 활동 목표

「바리데기」를 전체적으로 읽고 자기 반응을 다양한 방법으로 펼치는 회기이다. 바리를 통해 '나'와 마주하는 활동으로 가장 인상적인 인물과 장면 등에 대해 자유롭게 생각을 나누면서 바리라는 인물과 친해지는 과정이다. 먼저 '마음이 움직이는 장면 그리기'를 통해서 「바리데기」 작품서사에 대한 감정을 표현하고, '바리를 통해 나와 마주하기'에서 자기 내면을 작품서사를 통해 투사하는 활동을 한다.

2) 활동 전개

- '마음이 움직이는 장면' 그리기 활동을 통해 바리데기라는 설화 속 인물에 대한 첫 만남과 첫인상을 나눈다.
- 이야기 속에서 가장 자기 감정이 움직였던 장면을 떠올려 그림을 그리고, 그 장면과 인물에 대한 반응을 이야기한다.

3) 활동 사례

(1) 사례 1

[그림 8-3] 바리가 울고 있는 아이들을 바라보는 장면

  내담자는 마음이 움직이는 장면으로 바리가 우는 아들 셋을 바라보는 장면을 그렸다. 이유로는 어처구니가 없고, 바리가 무장승에 비해 책임감이 있어 보여서라는 것이다. 그리고 바리가 버려지고도 할아버지, 할머니에게 간 장면이 인상적이었다고 한다. 이유는 바리와 할머니, 할아버지가 모두 만족하는 장면이어서, 바리는 보호자가 생기고 할아버지와 할머니는 자식이 생겨서 좋았다고 생각된다고 한다. 내담자는 그 장면과 자기 경험이나 기억과 관련하여 떠오르는 생각으로 할아버지, 할머니랑 자란 자신과 바리가 비슷한 처지라고 이야기했다. 그리고 가장 마음에 들지 않는 장면은 부모가 자식을 버렸으면서도 찾는 게 마음에 들지 않는다고 한다. 버렸으면서도 필요하니까 찾는 게 어이가 없다고 생각한다.

(2) 사례 2

[그림 8-4] 바리가 힘들게 구약 여정을 떠나는 장면

내담자는 가장 마음이 움직이는 장면으로 바리가 힘들게 구약 여정을 떠나는 장면을 그렸다. 실제로 내담자는 고등학교에 진학하면서 자기 미래를 위해 그리고 아버지에게서 벗어나기 위해 열심히 공부하고 있다고 한다. 바리처럼 자신도 자기 앞날을 위해 열심히 공부해서 자기 미래를 개척하려는 열망이 보인다. 바리처럼 힘든 인생의 구약 여정을 떠나기 위해 무쇠 신발을 자기 발에 스스로 신고 있다.

내담자는 바리가 힘들고 어려운 구약 여정의 길을 헤쳐 나가는 모습에 마음이 흔들렸다고 한다. 내담자의 자기서사가 잘 드러나는 부분이다. 현재 내담자는 이 그림의 바리처럼 살아가고 있다. 비록 힘들고 견디기 힘들지만, 그림을 보면 땅속에서 뜨거운 불덩이가 발을 힘들게 하고 커다란 산을 넘어가지만 멀리서 태양이 기다리고 있다. 현재 자신이 어렵고 힘든 성장의 길을 기꺼이 몸을 던져서 가는 이유도 미래를 위해서이다. 뒷모습을 그린 것은 자기 감정을 표현하지 않으려는 무의식적 투사이다. 남성의 모습을 하고 꿋꿋이 걸어가는 바리를 만나면서 내담자는 초기와 달리 훨씬 더 강인하게 자신을 드러내려고 애쓴다. 부성 콤플렉스가 드러난 모습이기도 하지만, 멀리서 커다란 태양을 향해 감정을 삼키고 꿋꿋이 걸어 나가는 내담자의 의지가 엿보인다.

(3) 사례 3

[그림 8-5] 바리가 비범한 인물임을 알려 주는 태몽 장면

가장 마음이 움직이는 장면으로 바리가 비범한 인물임을 알려 주는 태몽 장면을 그렸다.

내담자: 가장 마음에 드는 장면은 바리데기 낳기 전에 길대 부인이 꾸는 태몽

이에요. 그 이유는 비범한 인물이 생겨난다고 말해 주는 것 같아서요.
저도 태몽이 있었대요. 제 태몽은 보석이 사방에서 번쩍거리고 있었다
고 해요. 무언가 신기해요. 강 역시 나다~ 이랬는데.

그러면서 자기 태몽 이야기를 했다. 비범한 인물인 바리와 자신을 동
일시하는 장면이다. 가장 마음에 들지 않는 장면으로 바리가 결혼해서
아이 셋을 낳는 장면인데, 원치 않는 결혼이라고 느껴서 마음에 들지 않
는다고 했다. 또 아버지를 살리는 장면이 마음에 들지 않는다고 했다.
그렇게 자신을 위해 살지 않는 바리의 삶이 짜증이 난다고 이야기를 한
다. 내담자는 태몽 부분에서 자신도 바리처럼 자기 삶을 멋있게 만들어
갈 운명일 수 있다는 마음을 가지고 있다. 자기 태몽이 매우 마음에 든
다고도 했다. 자신이 현재 바리데기처럼 부모의 돌봄을 받지 못하고 힘
들게 살고 있지만, 자신을 위해 살겠다는 자아의식을 가지고 있다.

✽5회기 바리와 동일시를 통해 나와 마주하기

1) 활동 목표

바리를 통해 나와 마주하기 활동에서 본격적으로 작품서사 반응 활동
에 들어가기 전에 작품 속 인물에 대한 공감을 표현하는 활동이다. 가장
마음에 드는 바리의 모습 그리기를 통한 자아 탐색의 부분에 해당한다.
내담자의 자기서사가 인물의 삶에 공감하고 공명하는 활동으로 이야기
에 등장하는 바리의 삶을 통해 자기 삶을 들여다보는 활동이다.

2) 활동 전개

- 바리데기 이야기를 읽고 바리의 모습 중에서 가장 마음에 드는 모습을 떠올려 그림을 그린다.
- 자신이 그린 가장 마음에 드는 바리의 모습에 관해 이야기를 나눈다.

3) 활동 사례

(1) 사례 1

[그림 8-6] 바리가 아이를 데리고 구약 여정을 떠나는 모습

바리데기의 모습 중 가장 마음에 드는 모습을 그려 보라고 했을 때, 내담자는 바리데기가 아이를 데리고 구약 여정을 떠나는 장면을 그렸다.

책임감에 대한 자기서사가 잘 드러나는 장면이다. 무책임한 무장승을 대신하여 아이를 데리고 자기 의무를 다하는 바리데기의 모습이 너무 멋있다고 한다. 실제 내담자는 가족관계에서나 학교생활에서 학급회장을 하고 총학생 회장을 도맡아 하면서 책임을 다하는 삶을 살고 있다.

(2) 사례 2

[그림 8-7] 바리가 길대부인을 만나 우는 장면

　내담자는 가장 마음에 드는 바리 모습 그리기 활동에서 바리가 어머니를 만나 서로 부둥켜안고 우는 모습을 가장 마음에 드는 모습으로 그렸다. 어려서 어머니를 잃고 마음 놓고 어머니가 그립다고 말도 한번 해 보지 못하였기에 어머니에 대한 그리움이 투사된 그림이다.

　그런데 그림 속 길대부인과 바리가 우는 표정이 그려져 있지는 않다. 눈물을 흘리는지에 대한 감정표현이 구체적으로 드러나 있지 않다. 아마 어머니를 만난다는 게 현실로 느껴지기 어려워 감정을 표현하지 못한 것 같다. 아마 내담자에게 너무 부러운 모습이었는지도 모른다. 다섯 살 때 어머니를 잃고 어머니 없는 삶을 살아오면서 가슴 한쪽에 간직한 슬픔이 묻어나오는 그림이며, 바리데기가 가장 부럽게 느껴지는 장면이다.

(3) 사례 3

[그림 8-8] 오구신이 된 바리의 모습

내담자는 바리의 모습 중 가장 마음에 드는 모습으로 오구신이 된 바리의 모습을 그렸다.

이 과정에서 내담자는 바리의 삶을 통해 자기 마음속에 담긴 꿈을 들여다보게 된다. 지금은 힘들고 어렵지만, 자신도 바리처럼 귀한 존재로 태어났지만 버려진 존재라는 인식이 드러나 보인다. 무의식 속에 바리처럼 성공할 수 있다는 희망도 내비친다.

✽6회기 부모에게서 버려진 삶 자각하기

이 회기는 「바리데기」 작품서사에 대한 내담자의 자기서사가 공명활동을 하는 부분이다. 「바리데기」의 주요 서사를 크게 다섯 장면으로 나누어 등장인물에 대하여 내담자들이 어떠한 정서 반응을 일으키는지, 「바리데기」를 읽고 작중 인물의 삶에 대한 자기서사를 어떻게 표출하는지 그 양상을 살펴본다. 후기 자아성장 문학치료 프로그램을 통해 「바리데기」 작품서사와 자기 삶을 연결 지으면서 지금까지 당연시해 왔던 자기 역할에 의심을 하고 자기 가족에 대해 재해석하면서 자아성장을 이루어 나가게 된다.

장면 ① 부모에게서 버려지는 바리

1) 활동 목표

이 장면은 '부모에게서 버려지는 바리'의 이야기를 통해 내담자들이 어린 시절의 자기 모습을 떠올리고 자기 삶에 직면하는 장면이다. 내담자는 이 장면을 통해 바리의 삶을 거울삼아 자기 삶을 들여다보고 성찰한다.

2) 활동 전개

- 부모에게서 버려지는 바리를 통해 자신과 연결을 짓는다.
- 어린 시절에 자신도 바리처럼 버려진 아이라고 느꼈거나, 부모님에게 서운하다고 느낀 장면을 떠올리게 한다.
- 나와 바리가 비슷한 점에 대해 생각해 보고 이야기 나눈다.

- 나와 바리가 다른 점에 대해 생각해 보고 이야기 나눈다.
- 물고기 가족화(어항에 담긴 물고기로 가족을 표현하는 그림그리기)를 그린다.
- 물고기 가족화를 통해 가족에 대해 이야기를 나눈다.

3) 활동 사례

(1) 바리와 나

> **상담자**: 내가 가족을 생각할 때 나는 가족과 어떤 관계인지 생각해 보세요. 나와 바리가 비슷한 점은 무엇이고, 나와 바리가 다른 점은 무엇인가요?
>
> **내담자**: 나와 바리가 비슷한 점은 필요할 때 시키는 거 하면 좋아하고, 아니면 싫어하는 느낌이 비슷해요. 집안일은 모두 나한테만 시켜요. 모든 집안일은 내 차지입니다.

내담자는 바리와 비슷한 점으로 자신에 모든 집안일을 시킨다고 했다. 자신이 바리와 다른 점은 이야기하지 못했다. 바리에 대해서 자신과 처지가 비슷하다고 생각한다. 자신이 바리처럼 부모에게서 버려진 것은 아니지만, 바리처럼 자기 처지를 외롭고 슬프게 생각한다.

내담자는 가족의 짐을 떠안고 살아가는 자기 삶을 힘들어한다. 어려서 어머니를 잃고 자기감정대로 자식을 다루는 철없는 아버지로 인해 정서적으로도 매우 힘든 상태이다. 딸이라는 이유로 집안일도 혼자 해야 하고, 오빠는 아들이라고 혼자 거실에서 생활하고 오히려 딸인 내담자가 아버지와 같은 방을 쓰고 있다. 아버지가 경제활동을 전혀 하지 않고 정부에서 주는 복지기금으로 생활을 하다 보니 여러 면에서 어렵다.

이 장면을 통해 내담자의 자아가 성장하는 모습을 보였다. 가족이 자신을 좋아하긴 하지만, 자신이 느끼는 가족에 대한 느낌은 다른 가족과는 다르고 솔직히 살짝 부끄러운 느낌도 있고 안쓰러움은 느낀다고 했다. 내담자는 바리데기의 삶에 공명하면서 자기 삶에 대한 새로운 눈으로 인식한다. 자기 삶을 바리데기처럼 부모에게서 버려진 부분에 깊이 공감하고, 실제 버려지진 않았지만 모든 집안일을 도맡아 하고 힘들게 살아가는 자기 삶을 통찰하게 된다. 고등학교로 진학하면서 더욱 자기 삶을 객관화하고 힘든 현실을 벗어나려는 욕구를 가지게 된다.

(2) 물고기 가족화 그리기

가족에 대한 내담자의 새로운 자아인식은 가족에 대한 인식을 투사하기 위해 그린 물고기 가족화 그리기에 잘 투영되어 나타난다. 물고기 가족화는 가족 내의 역동성을 찾아볼 수 있으며, 특히 물고기로 가족을 투사하기 때문에 심리 내적 저항 없이 가족 간의 갈등과 자아의식을 엿볼 수 있다.

내담자의 물고기 가족화에는 내담자의 가족 체계의 양상과 가족 간의 심리적 역동이 잘 드러나 있다. 자신을 분홍색 조그마한 돌고래로 표현하고 왼쪽에 가족들과 떨어져 높이 그려서 다른 가족들과 거리를 두고 있는 모습이다. 어항 위에 할머니로 표상한 불가사리에게서 조금 떨어져 있게 그려서 자아가 성장하는 모습을 표현하였다. 내담자는 물고기 가족화를 통해 할아버지의 죽음이라는 가족 상실로 인한 애도의 슬픔 속에서 갑자기 등장한 가족들이 할아버지의 죽음에 따른 유산문제로 모든 가족이 서로 갈등하는 모습을 그렸다. 그러한 가족 간의 갈등 속에서 자신이 가족들을 바라보며 거리를 두고 자신이 좋아하는 할머니를 향해 가는 모습을 그렸다.

[그림 8-9] 참여자 A의 물고기 가족화

내담자는 자신의 삶에서 가장 중요한 존재인 할머니를 가장 왼쪽에 먼저 그렸는데 빨간색으로 할머니가 가족들의 갈등과 싸움으로 인해 분노하고 있는 상태를 표현했다. 할머니를 빨간 불가사리로 왼쪽 수풀 밑에 그린 것은 요즘 할머니가 형제간의 싸움 때문에 늘 화가 나 있기 때문이라고 한다. 할머니를 수풀 속에 안전하게 보호하는 모습으로 그렸다는 것이 인상적이다.

그리고 내담자 자신의 어머니를 파란색 상어로 맨 끝에 그려 놓았는데 이 모든 싸움과 갈등의 원인이 어머니가 사업하느라 가족의 돈을 날리고 자신의 잘못을 인정하지 않기 때문이라고 하였다. 특히 삼촌을 맨 아래 서북이로 그렸는데 할아버지의 유산문제로 어머니와 늘 갈등하는 존재라고 한다. 가족들과 소통하지 않고 자신의 분노를 늘 표현하는 삼촌을 거북이로 그렸다. 그리고 늘 삼촌과 싸우고 집안을 시끄럽게 하는 숙모를 꽃게로 그려 놓았다.

또한 할아버지 죽음 이후에 유산문제로 갈등하는 이모를 물뱀으로 그려 놓아서 파란 상어인 어머니를 쫓아가는 모습으로 그려서 어머니와의 갈등을 표현했다. 이모의 딸도 곁에 작은 물고기로 그려 넣었다. 내담자의 물고기 가족화에는 내담자가 겪고 있는 가족 내의 갈등과 반목이 얼마나 내담자를 괴롭게 하는지 보여 주고 있다.

✱7회기 나를 성장하게 한 존재 탐색하기

> **장면 ②** 바리데기 성장 Ⅰ: 비리공덕 할미, 할아비에게서 자라다

1) 활동 목표

이 장면은 바리데기가 비리공덕 할미, 할아비의 도움으로 성장하고, 자신이 버려진 존재임을 자각하는 부분이다. 내담자는 이 장면에서 자신의 성장과정을 돌아보고 바리의 삶에 공감하는 활동을 한다. 먼저 바리처럼 자신이 가족에게서 버려졌다면 어떻게 성장하고 있을지 상상해 보고 이야기하는 활동을 한다.

2) 활동 전개

- 나의 성장을 도와준 존재를 성찰하고, 이야기를 나눈다.
  - 지금까지 자신을 길러 준 것은 무엇인가?
  - 자라면서 자신이 가장 의지했던 존재는?

3) 활동 사례

> 상담자: 지금까지 자신을 길러 준 것은 무엇이었나요? (누구일까요?) 자라면서
> 자신이 가장 기대고 의지했던 존재는 누구인지 생각해 봅시다. 자기
> 성장을 도와준 존재에 대해 이야기해 봅시다.
> 내담자: 초등학교 때는 나, 유튜브, 좀비고, 학교고요. 중학교 때는 나, 밴드립,
> 선생님, 학교예요. 현재 나의 보물 상자는 윌리입니다. 윌리가 없으면
> 집에 안 들어갈 듯해요. 레알, 윌리 없으면 못 살아요 ㅠㅠ.

이 장면에서 내담자는 자신을 길러 준 존재로 아버지나 가족이 아닌
자기 자신, 즉 '나'라고 이야기한다. 그리고 유튜브와 컴퓨터 게임이다.
자기 성장을 도와준 존재에 가족은 없다. 학교와 교사가 자기 성장을 도
와준 존재라고 이야기한다. 또한 개인상담에서 만일 바리데기처럼 부모
에게서 버림을 받았다면 어떻게 살았을지에 대해 오히려 지금보다 나았
을 것이라고 응답했다. 내담자는 부모에게서 버려졌다면 아마 고아원에
서 살면서 뭔가 장녀처럼 어린애들 돌봐 주고 운동하고 설거지하고 해
질녘엔 운동장 나가서 앉아 있는 그런 평화로운 분위기가 상상된다고
했다. 오히려 지금보다 더 잘 살 것 같다고 했다. 실제 버려지지 않았지
만, 현재 가족이 자신에게 도움이 되지 않고 있다고 응답했다.

(1) 랩 가사 쓰기: 나의 성장의 아픔을 노래하다

내담자는 랩 가사 쓰기를 통해 문학치료 프로그램에서는 드러내지 않
았던 자기 성장과정의 아픔을 매우 직설적이고 진솔하게 드러내었다.
내담자의 랩 가사에는 내밀한 성장의 아픔이 잘 형상화되어 있다.

15 years

어렸을 때 나는 바리 ○○!

시키는 건 많고 하기는 싫었어.

5살 때 아빠가 고장 났어.

치료해 주고 싶었어.

밤마다 매일 들어와서 내게 수염을 내밀었어.

너무 싫었어. 그래도 숫자 세어 가며 시간 보냈어.

그리고 고모가 불렀어. 고모네로 이사 갔어.

그때가 초등학교 1학년 나도 나는 아무것도 모른 채

10명이서 살았어. 좁아터지고 개방된 곳

너무 싫었어. 그랬지만 버티고 중학교에 왔지.

이사한 우리 집은 5명 고모라는 브레이크는

사라졌지. 나는 치타, 아빠는 호랑이,

오빠는 거북이, 할머니 할아버지는 토끼.

치타랑 호랑이는 매일 싸웠어. 토끼는 무서워서 떨고,

거북이는 등껍질에서 놀았어. 그렇게 지냈네.

지금은 윌리가 있어 다행이야 나의 귀요미!!!

내담자는 랩 가사 쓰기 활동에서 자기 성장과정에서 겪었던 삶의 아픔을 랩 가사로 표현한다. 어려서 어머니를 잃고 고모네 식구들과 좁은 아파트에서 힘들게 살았던 어린 시절의 이야기이다. 아버지는 어머니가 돌아가시고 모든 일을 포기하고 집에서 누워서 지내고 일을 하지 않아서 경제적으로 어려웠다고 한다. 그래서 고모 집에서 할머니와 할아버지까지 두 가족이 살았는데 집이 너무 좁아서 자기도 쉬기도 힘든 생활이었다. 고모에게 경제적인 도움을 받았기 때문에 자신은 딸이니까 어려서부터 모든 집안일은 자기 몫이 된다고 한다.

내담자는 '어렸을 때 나는 바리였어.'라는 가사를 시작으로 자기 성장기의 아픔을 드러내었다. 랩 가사 쓰기 활동을 통해 문학치료 활동에서 이야기하지 못했던 어린 시절 성장기를 노골적으로 들려주었다. 어머니를 잃고 다섯 살 때부터 자신을 힘들게 하는 아버지와 고모 집에서 눈치를 보며 살았던 어린 시절부터 힘든 집안일을 도맡아 하며 아버지와 갈등하며 지냈고, 자신을 치타라고 노래했다. 아버지로부터 도망가야 하는 힘든 시간을 비유하고 있다.

✳8회기 나의 삶 새롭게 바라보기

장면 ③ 바리데기 성장 Ⅱ: 구약 여정을 떠나는 바리

1) 활동 목표

이 장면에서는 부모를 용서하는 바리데기의 서사를 내담자가 어떻게 받아들이는지, 부모화된 자기 삶을 어떻게 수용하고 새롭게 자신을 인식하는 활동을 한다. 내담자들이 현재 자신을 가장 힘들게 하거나 부담스러운 가족에 대해 생각을 나누는 활동을 한다.

2) 활동 전개

- 가족으로 인해 힘든 자신을 성찰하고 이야기를 나눈다.
  - 현재 자신을 가장 힘들게 하는 가족은 누구인가?
  - 나라면? 바리데기처럼 부모를 위해 구약 여정을 떠날 것인가?
  - 부모로 인한 상처를 표출하기: 자신에게 깊은 상처를 준 가족을 떠올리고 이야기 나눈다.
- 스스로 자기 삶을 통찰하고 극복하는 방법을 이야기 나눈다.
- 어린 시절의 상처를 극복하고 새롭게 태어나기: 빗속의 사람 그리기 활동을 한다.

3) 활동 사례

(1) 질문하기

① 가장 부담스러운 가족

상담자: 현재 자신을 가장 힘들게 하거나 부담스러운 가족은 누구인가요?

내담자: **가족 모두가 나를 힘들게 하는 것 같아요.** 할머니, 삼촌, 엄마, 이모, 이모부 등등 화내면 제가 감당을 못하겠어요. **가장 부담스러운 가족은 아빠예요.** 자꾸 나에게 질척거려요.

내담자에게 모든 가족은 부담스러운 존재이다. 현재 할아버지가 돌아가신 이후 집안은 돈 문제 등으로 서로 싸우고 갈등하느라 조용한 날이 없다. 그런데 그중에서도 가장 부담스러운 가족은 아버지라고 했다.

자꾸 와서 자신에게 관심을 가지고 이제 와서 아버지 역할을 하려고 하
는데 자신은 받아들이기 힘들다. 그래서 자신이 바리라면 어떻게 행동
했을지 이야기를 나누었다. 이 부분을 통해 부모화된 자기 삶을 스스로
거울처럼 인식하고 성찰하게 된다. 부모에 대한 자기 진실한 감정을 밖
으로 표현하는 카타르시스를 경험하게 된다. 그리고 자기 부모에 대한
속마음을 열어 보이기 시작한다.

② 부모 받아들이기

> 상담자: 나라면? 바리데기처럼 자신을 버린 부모의 생명을 구하러 갔을지 생
> 각해 봅시다. 바리는 왜 그렇게 했을지 연관 지어 이야기해 봅시다.
> 내담자: 네, 어쩔 수 없이 나도 바리처럼 그랬을 것 같아요, 바리는 부모를 원
> 망하지 않기 때문에.

내담자는 자신도 바리데기처럼 자신을 버린 부모를 구하러 갔을 것이
라고 한다. 바리는 부모를 원망하지 않기 때문이라고 단서를 달았다. 자
신도 부모를 원망하지는 않는다.

③ **부모로 인한 상처 표출하기**
다음 단계로 자신이 부모나 가족으로 받은 상처를 겉으로 표현하는 활
동이다. 가장 자신을 힘들게 하는 가족의 모습을 표현하고 자신이 느끼
는 부정적인 감정을 토로하는 활동을 전개한다.

> 상담자: 자신에게 깊은 상처를 준 가족 혹은 상황을 떠올려 보고 구체적으로
> 이야기해 봅시다.

> 내담자: 싸움을 많이 하고, 싸울 때마다 화나면 소리 지르는 건 기본이에요. 이
> 모, 이모부, 삼촌, 아빠, 엄마, 할머니, 할아버지 모두요. 의자를 던지거
> 나(아빠, 삼촌), 홍시를 던지거나(할머니), 몸 박치기를 하거나(삼촌, 할
> 머니, 엄마), 컵을 던지거나(엄마, 할머니, 할아버지), 칼부림(삼촌, 할머
> 니), 가위 던지기 등등.

내담자는 자신에게 상처를 준 가족 이야기를 하면서 울컥해졌다. 최근
에 집안에서 일어나고 있는 가족 간의 심한 싸움을 떠올렸다. 어려서부
터 가족들의 싸움을 보며 자랐고 그때마다 공포를 느껴야 했다. 심지어
는 싸움을 피해서 계단에 앉아 울던 어린 시절을 회상했다.

④ 스스로 자기 삶을 통찰하고 극복하기

부모가 자신을 태어나자마자 버렸음에도 불구하고 부모와 가족을 끌
어안고 구약 여정을 떠나는 바리를 통해 자신이 바리와 같은 선택을 할
것인지에 대해 이야기하도록 한다. 부모화의 정도가 얼마나 심한지, 어
떤 경향성을 띠고 있는지 탐색할 수 있는 활동이다.

> 상담자: 내가 만약 바리데기처럼 구약 여정을 떠난다면 그 이유는? 또는 떠나
> 지 않고 부모를 용서하지 못한다면 그 이유는?
> 내담자: 어쩔 수 없는 마음으로 떠날 것 같아요, 만일 떠나지 않는다면 나는 힘
> 들었는데 그쪽들은 잘 먹고 질살았으니까…….

내담자는 바리데기처럼 구약 여정을 떠난다면 어쩔 수 없는 마음으로
떠날 것이라고 응답한다. 부모를 용서하지 못하는 이유는 자신은 힘들

었는데, 엄마, 아빠는 잘 먹고 잘 살았으니까라고 응답하면서 부모가 자신을 돌보지 않고 무책임했지만, 자신은 자식으로서 책임을 다할 것이라고 하고 있다.

⑤ 어린 시절의 상처를 극복하고 새롭게 태어나기

어린 시절 마음의 상처를 극복할 수 있는지에 대해 탐색하는 활동을 한다. 자신을 힘들게 했고 서운하게 했던 가족들 또는 부모를 용서할 수 있는지 털어놓는 활동을 한다.

> 상담자: 어린 시절 '나'를 힘들게 했던 가족을 용서한다면 앞으로 어떻게 살아
>
> 가게 될까요? 생각해 보고, 만일 용서하지 못한다면 그 이유도 이야기
>
> 해 봅시다.
>
> 내담자: 용서할 필요도 없어요. 직접적으로 나에게 피해를 주지도 않았으니까
>
> 요. 저는 한번도 엄마를 엄마라고 느끼지 못했던 것 같아요. 아빠도 그
>
> 렇고 그냥 이름만 엄마, 아빠지. 그래서 누구를 용서할 필요는 없다고
>
> 생각해요. 다 그럴만한 이유가 있겠죠. 저와 상관없어요.

내담자는 어린 시절 자신을 돌보지 않고 제멋대로 산 부모를 용서할 수 있을까? 용서할 필요도 없다는 말이 너무 의미심장하다. 그들은 자신에게 부모도 아니라고 말하고 있다. 그래서 용서할 필요조차도 없는 존재라고 이야기하고 있다. 그냥 이름만 엄마, 아빠지 그래서 자신은 용서할 필요가 없다는 것이다. 그리고 다 그럴만한 이유가 있고 무엇보다 그이유조차 자신과 상관없는 일이라고 선을 긋고 있다.

(2) 빗속의 사람 그리기

이 장면에서 내담자의 마음속 고민과 스트레스 상황을 엿볼 수 있는 '빗속의 사람 그리기' 활동을 한다. 그림을 통해 각 내담자의 현재 내면에 잠재해 있는 심층 심리가 드러났다.

[그림 8-10] 내담자의 빗속의 사람 그림

내담자는 자기 힘든 상황을 매우 상징적으로 표현하고 있다. 발아래 커다란 물웅덩이가 여기저기 발에 빠져 허우적거리게 하고 있다. 자신을 제일 왼쪽에 그려 놓았는데. 얼굴 표정에 두려움과 갑작스러운 힘든 상황으로 인해 불안한 마음이 드러나 있다. 우산을 쓰고 있는 두 번째 사람은 할머니이고, 집에서 가족에게 화를 내는 삼촌을 그렸다. 재미있는 것은 물웅덩이에 해님을 그려 놓아서 힘든 상황 속에서도 희망을 잃지 않고 있음을 보여 준다. 비가 내리고 있고 빗줄기는 가늘다. 현재 내담자는 가족으로 인한 어려움에 봉착해 있지만, 그 속에서도 힘들지만 잘 견뎌 내려는 의지가 투사되고 있다.

✿9회기 고난 극복을 통한 자아성장 탐색하기

장면 ④ 고난 극복과 사랑의 확대: 다시 태어난 바리

1) 활동 목표

이 장면은 고난 극복과 사랑의 확대를 통한 자아성장이 드러난 장면이다. 바리데기가 구약 여정을 통해 고난을 극복하고 성장하는 작품 서사를 통해 내담자의 미래의 삶을 어떻게 바라보고 인지하고 있는지 파악하는 활동을 한다. 특히 이 장면은 바리데기의 성장서사가 내담자의 자아성장을 이끌어 낼 수 있는 부분이라고 볼 수 있다.

2) 활동 전개

- 삶의 고통을 이겨 나가야 하는 이유를 탐색해 보고, 이야기를 나눈다.
  - 구약 여정의 의미 탐색하기: 구약 여정을 통해 바리는 다시 태어난 것인가?
  - 자아성장을 위해 해결해야 할 문제 탐색하기: 나에게 구약 여정은 무엇인가?
  - 가족 새롭게 보기: 자식으로서 겪는 어려움은 무엇인가?

3) 활동 사례

(1) 질문하기

① 구약 여정의 의미
내담자들에게 구약 여정을 어떻게 생각하는지 이야기를 나눈다.

상담자: 구약 여정을 통해 바리는 다시 태어났다고 볼 수 있을까?

　　내담자: 저는 구약 여정이 '싸우는 것, 아픈 것'이라는 생각이 들어요. 바리의
　　　　　　구약 여정을 통해 인생은 세 번의 고개를 넘어 어려운 일을 헤쳐나갈
　　　　　　수 있는 능력을 얻는 것이라고 느꼈어요.

　내담자는 자신이 바리데기처럼 구약 여정을 통해 다시 태어난다면 그 의
미는 무엇인가에 대해 '싸우는 것' '아픈 것'이라고 응답했다. 현재 자기 현
실을 너무 잘 표현하고 있다. 할아버지가 돌아가시고 가족 간의 싸움이 심
해진 모습 때문에 너무 힘들어하고 있다. 가족 간의 갈등 속 한가운데 자기
삶이 폭풍 속의 작은 나무처럼 위태로운 지경이다. 현재 자기 삶을 잘 버텨
내려고 폭풍 속의 작은 나무처럼 떨고 있다. 그래도 인생은 바리데기처럼
세 번의 고개를 넘어 헤쳐나갈 수 있다는 것을 느꼈다고 한다. 자신도 바리
데기처럼 지금의 현실을 잘 이겨 나가겠다는 의지가 엿보인다.

　② 자아성장을 위해 해결해야 할 문제
　내담자들이 바리의 구약 여정처럼 현재 성장을 위해서 힘들게 견뎌내
고 있는 것은 무엇인지 이야기를 나눈다.

　　상담자: 나에게 구약 여정은 무엇인가요? 내가 성장을 위해 해결해야 할 나의
　　　　　　문제는 무엇인가요? 나는 어떤 점이 문제라고 생각하나요?

　　내담자: 저에게는 진로와 입시 문제, 엄마와 아빠의 재결합, 그리고 무엇보다
　　　　　　제가 꿈이 없다는 것이에요.

　내담자는 자신이 지금 넘어야 할 구약 여정으로 진로와 입시문제를 이

야기하면서 어머니와 아버지가 재결합하려는 것이 너무 싫다고 했다. 이 제야 와서 부모 노릇을 하겠다는 것이 너무 싫다는 것이다. 그리고 무엇보다 자신이 꼭 이루고 싶은 꿈이 없다는 것을 문제로 이야기했다. 이제는 꿈을 가지고 자기 미래를 위해 나아가고 싶다는 것을 엿볼 수 있다.

③ 가족 새롭게 보기

부모화된 내담자들이 느끼는 자신에 대한 솔직한 감정을 이야기해 보 도록 해서 부모화 경험의 어려움과 자신을 새롭게 객관적으로 보는 경 험을 표출하는 활동이다. 실제 내담자들이 가족으로 인해 가장 힘든 점 은 무엇인지 토로하는 시간이다. 가족에 대한 부정적인 감정을 표현하 고 자신이 참아야만 하는 것에 대해 의문을 가지고 가족관계를 새롭게 설정하는 활동이다.

> 상담자: 현재 '나'는 어떤 자녀인가요? 자신이 딸로서 겪는 솔직한 심정을 이야 기해 봅시다. 가장 나를 힘들게 하는 가족은 누구인가요? 그 가족으로 인한 스트레스는 무엇이며, 바라는 점을 이야기해 봅시다.
>
> 내담자: 엄마와 아빠예요. 엄마는 자신이 철들었다고 생각하고 착한 척하고 아 빠는 가끔 술 먹고 전화해서 짜증나요. 예전에는 착한 딸이 되고 싶었 고 부모를 싫어하고 친구와 할머니만 좋아했지만, 지금은 누군가를 싫 어하지 않기 위해 노력하고 있어요.

내담자는 아직도 어머니와 아버지를 신뢰하지 못하고 있고 자신을 힘 들게 하는 가족이라고 말한다. 그런데 지금은 누군가를 싫어하지 않으 려고 노력하고 있다는 점이 인상적이다. 착한 딸로서 힘들게 살던 삶에서 벗어나 부모에 대한 미움과 원망을 이제는 털어내고 싶은 마음이 생겼다고 한다. 내담자의 자아가 조금씩 성장하고 있는 장면이다.

✽ 10회기 미래를 위한 자아성장의 길 찾기

> **장면 ⑤** 영웅의 탄생: 자아성장

1) 활동 목표

이 장면은 바리데기가 문제를 해결하고 '영웅의 탄생'으로 마무리하는 작품서사 장면이다. 바리데기가 아버지를 살려 내고 오구신이 되는 장면이다. 내담자의 미래를 위한 자아실현 및 자아성장을 위한 부모로부터의 자아독립을 상징적으로 표현하는 활동을 한다.

2) 활동 전개

- 바리데기 결말의 의미 탐색하기: 바리는 왜 부모를 살려 내었을까?
- 바리가 오구신이 된 것의 의미 탐색하기: 왜 오구신이 되었을까? 여러분이 바리라면 어떤 선택을 할 것인가?
- 영웅이 된 바리가 상징하는 의미 탐색하기
- 바리에게 편지 쓰기: 공감 활동

3) 활동 사례

① 새롭게 태어난다는 것

상담자: 바리는 왜 부모를 살려내었을까요?

내담자: 결말이 마음에 들어요. 자신이 자기 힘으로 성공하여 모두를 포용하는

게 더 멋있어요.

내담자는 「바리데기」의 결말이 마음에 들었고, 자기 힘으로 성공했다는 부분에 주목하고 있다. 자신이 바라는 미래의 모습이기도 하며, 자기 힘으로 꿈을 찾고 미래를 향해 나아가고 싶은 생각을 표현한다. 바리데기 서사의 결말을 보면서 부모화된 자신의 모습에서 벗어나 가족을 새로운 눈으로 보고 자기 미래를 위해 새로운 관계를 설정하는 내적 경험을 표출하는 활동을 한다.

② 바리가 오구신이 된 것의 의미

상담자: 바리가 아버지를 살리고 오구신이 되는 선택을 한 이유는 무엇이라고

생각하나요? 여러분이 바리라면 어떤 삶의 길을 선택할까요?

내담자: 아마 인간 생활이 힘들어서가 아닐까 하고 생각해요. 자신과 비슷한

사람을 구원하려고 오구신이 된 것 같아요.

내담자는 바리데기가 오구신이 된 이유를 인간 생활이 힘들어서라고 이야기하고 있다. 그리고 무엇보다 자신과 비슷한 사람을 구하려고 오구신이 된다고 말하고 있다. 이 부분은 내담자가 현재 자기 삶을 매우

힘들어하고 있다는 것을 드러내고 있다.

③ 영웅이 된 바리가 상징하는 의미 탐색하기

자기 미래를 어떻게 바라보아야 하는지 영웅이 된 바리에 대한 상징적 의미를 탐색하는 활동을 한다.

> 상담자: 이 장면이 여러분에게 주는 삶의 의미는 무엇일까요?
> 내담자: 영웅은 현실을 초월한 존재라고 생각해요. 욕망, 돈, 명예, 자식, 부를 다 떨치고 영웅이 된 거죠. 저는 힘들지만 무언가 하고 싶은 일을 하며 살고 싶어요.

내담자는 자신이 꿈꾸는 미래를 이 장면에 투사하고 있다. 인간적인 욕망을 초월하고 힘들지만, 자신도 바리데기처럼 무언가 하고 싶은 일을 찾고 싶다고 이야기하고 있다. 내담자는 현재 자신의 힘든 삶을 이겨내고 새로워지는 꿈을 꾸고 있다.

(2) 바리에게 편지 쓰기

내담자의 자아변화를 드러내는 '바리에게 편지 쓰기' 활동을 전개한다. 「바리데기」 작품서사를 따라가는 반응 활동을 통해 이루어진 자기 서사의 변화를 주인공인 바리에게 편지 쓰기를 통해 표현하게 한다. 편지 쓰기 활동을 통해 바리가 아닌 또 하나의 바리인 자기 자신에게 주는 위로와 격려의 편지를 쓰게 된다.

① 사례 1

바리데기야 안녕~

힘들겠지만 그런데도 모든 걸 이겨 내고 자신을 찾아낸 게 멋있다.

그 시절에 남자 복장을 입는 것도, 또 남자애를 낳는 것도 멋지더라.

도전정신을 배웠어.

고맙다. 안녕~

내담자는 바리데기에게 힘들지만 모든 걸 이겨 내고 자신을 찾아낸 것을 멋있다고 이야기하고 있다. 그리고 도전정신을 배웠다고 한다. 바리데기와의 만남을 통해 새로운 삶으로의 변화를 꿈꾸고 있다.

② 사례 2

바리야 안녕!

행복하니 바리야? 나는 요즘 공부하느라 시간이 없어.

물론 놀기도 많이 놀지만……. 너는 좋겠다.

오구신이 되어서 살잖니!

나도 얼른 커서 내가 원하는 걸 하면서 살고 싶어.

그치만 아직 원하는 게 뭔지 모르겠어.

너는 그런 거 생각하면 참 멋있는 사람인 것 같아.

나도 너처럼 살 수 있을까?

처음에 네가 부모한테 버림받고 많은 고난과 시련을 이겨 내는 모습이 참 멋있다.

뭐 사실 나였어도 너처럼 약수 찾으러 갔겠지만, 마고할미 만났을 때쯤 포기했을 거야…….

너의 의지 참 멋있다. 행복하렴! 바리데기~

    내담자는 바리데기에게 편지 쓰기 활동에서 자신이 이제는 과거의 삶에서 벗어나 새로운 미래를 꿈꾸고 싶다는 소망을 간접적으로 표현하고 있다. 자신은 지금 공부하느라 시간이 없고 얼른 커서 자신이 원하는 것을 하며 살고 싶다고 말한다. 그리고 자신도 바리데기처럼 고난을 이겨내고 멋있게 성장하고 싶은 소망을 품고 있다. 내담자는 「바리데기」 자아성장 문학치료 프로그램에서 가장 큰 변화를 보였다. 자신도 얼른 커서 자신이 원하는 걸 하고 싶다는 이야기에서 그런 마음이 느껴진다. 자신도 바리데기처럼 지금의 어려움을 이기고 앞으로 나아가겠다는 성장의 의지를 드러내었다.

    ③ 사례 3

    솔직히 말해서 안 힘들었어?

    힘들긴 힘들었겠지!

    근데 내 말은, 다 버리고 돌아가고 싶지 않았어?

    나 같으면 그런 충동 들었을 것 같은데…….

    근데 이미 한다고 말을 해 버려서 속으로 계속 후회하고 있을 것 같은데,

    너 참 대단하다.

    니가 이 여행을 끝마쳤을 때 든 기분은 뭐였어?

    무엇이 된 거 같아?

    궁금한 게 참 많다!

너와 내가 다르다고 생각해서 그런가 봐~

답장주삼~

　내담자는 바리데기에게 공감하며 힘든 길을 잘 이겨 내고 구약 여정을
끝낸 바리데기를 대단하다며 칭찬해 주고 있다. 아직은 자신은 바리데
기처럼 길을 떠나지 못하지만 궁금한 게 참 많다고 이야기하면서 자신
이 걸어갈 미래를 떠올리고 있다.

✱11회기 새로운 삶으로 나아가기

1) 활동 목표

　이 회기는 바리데기의 서사와 자기서사와의 거리를 두는 활동이다.
'바리데기와 나누기' 대화 부분으로 「바리데기」 다시 쓰기, 시 쓰기, 진
실의 편지 쓰기를 통하여 상상력을 발휘하여 현실을 재구성하고, 부모화
된 '나'를 마주하고 가족을 새로운 눈으로 바라보는 재해석 과정을 거치
게 된다.

2) 활동 전개

- 「바리데기」 다시 쓰기: 내담자의 부모를 새롭게 보는 내담자의 자아
  상이 드러난다.

3) 활동 사례

(1) 사례 1: 아들로 태어남

오구대왕과 길대 부인이 둘이 부부가 된다. 아들을 계속 원했지만, 딸을 6명 낳았고 나지막 아이를 임신하곤 힘든 과정을 겪어나고는 아이를 낳았다. 마지막 아이를 임신하곤 힘든 과정을 겪고 아이를 낳았다. 아이가 드디어 아들을 낳게 되고 곱게 키운다. 아들 이름은 개똥이다. 그렇게 15살이 되고 개똥이는 집을 나온다. 개똥이는 청학 백학을 만나고 함께 길을 떠난다. 가던 길에 강을 만나게 되고 금거북이도 만났다. 금거북이가 태워 주겠다며 등에 업히고는 여행을 떠났다. 청학 백학이 주변을 돌아다니며 원하는 곳을 돌아다닌다. 그러다가 비력부부를 만난다. 그렇게 되고 나서는 옆집에서 함께 살게 된다. 개똥이는 비력부부와 살며 인생의 진리를 배운다. 그러던 중 왕과 왕비가 병에 걸렸다는 사실을 알게 된다. 그러나 개똥이는 비력부부가 아파하고 있기 때문에 부모님께 가 볼 수가 없었다. 왕과 왕비가 여섯 딸에게 날 고치는 약수를 구하러 가겠냐고 했으나, 거절했고 왕과 왕비는 죽었다.

개똥이는 비력부부와 함께 오래오래 행복하게 살았다.

내담자는 「바리데기」 다시 쓰기에서 바리데기를 아들로 설정하고 이름도 개똥이로 바꾸었다.

첫째, 줄거리 서사 변화를 살펴보면, 일곱째 아들로 개똥이라는 이름을 지어 주고 열다섯 살에 스스로 집을 나온다는 이야기로 바꾸었다. 비력할미와 할아비를 만나고 옆집에서 산다는 이야기로 바꾸었다. 왕과 왕비가 병에 걸리지만 비력부부가 아파하기 때문에 구약 여정을 거절한 후 왕과 왕비는 죽고 개똥이는 비력부부와 행복하게 산다는 이야기로 바꾸었다. 열다섯 살에 개똥이가 스스로 집을 나서는 부분이 흥미롭다. 결말에서 병에 걸린 왕과 왕비가 결국 죽음에 이르는 것으로 바꾼 점에서 여전히 부모를 용서하지 못하고 있다. 자신을 개똥이로 투사하고 스스로 집을 나와서 할머니, 할아버지와 행복하게 살고 있다는 이야기를 만들었다.

둘째, 인물 면에서 개똥이를 자신을 낳아 주고 곱게 키워 준 부모를 스스로 떠나고 비럭부부와 행복하게 사는 인물로 그린 점이다. 심지어 왕과 왕비가 병에 걸렸는데 구약 여정을 거절한다. 실제 내담자는 부모에게 거절을 잘하지 못하는 경향이 있는데, 다시 쓰기에서 부모를 거절하는 이야기로 바꾸었다.

셋째, 주제 면에서 부모에 대한 희생보다는 자기 성장과 행복을 찾는 이야기로 바꾸었다. 개똥이는 비럭부부를 통해 인생의 진리를 배운다고 설정한다.

넷째, 특이한 점은 인물을 아들로, 이름을 개똥이로 바꾼 것이다. 주인공을 귀한 아들로 바꾸고 스스로 부모를 떠나는 이야기로 다시 쓰기를 한다. 자기 부모로 인한 부담감에서 벗어나고 싶다는 생각이 반영된 것으로 보인다.

(2) 사례 2: 일곱째 아들로 태어나는 바리데기

대왕과 부인이 부부의 연을 맺는다. 아들 여섯을 낳는다. 그리고 일곱째 아들을 낳는다. 아기 이름을 바리네기라 짓는다. 아이를 뒷동산 후원에 버린다. 청학 백학이 날개를 덮어 주고 열매를 먹여 줘서 죽지 않는다. 왕이 바리를 옥함에 넣어서 강에 버린다. 금거북이 옥함을 싸안고 바다 한가운데로 사라진다. 석가세존이 옥함을 발견하고 비럭할미, 비럭할아비가 바리를 데려다 키운다.

바리는 부모를 찾진 않지만 유독 뒷동산 나무를 좋아해 하루에 세 번씩 그 나무에 간다. 왕과 왕비가 큰 병이 드니 아들들이 왕위에 오르려고 싸우고 나라가 엉망이 된다. 그래서 점을 치니 칠왕자를 찾아 오구신선 약수를 구해 오면 살 수 있다는 예언을 한다. 바리를 찾아오고 왕은 약수를 가지고 오는 왕자를 왕위에 올려 주겠다고 해서 육형제 모두 길을 나선다. 바리왕자는 천천히 무쇠 신발에 무쇠 지팡이를 들고 길을 나선다. 육형제는 자신들이 먼저 가겠다면서 서로 싸우다가 고난을 이기지 못해 2년 만에 다시 집으로 돌아간다. 왕과 왕비는 실망하고 바리왕자만 기다린다. 뒷 이야기는 본래 이야기와 같음.

내담자의 「바리데기」 다시 쓰기에는 인식의 변화가 투사되어 있다. 자아성장 문학치료 프로그램을 시작할 때 아버지를 불쌍히 여기고 걱정하던 내담자 내면의 자기서사가 변하고 있다. 부모에 대한 관계를 새롭게 보고 자기 삶을 객관적으로 보는 눈이 생기면서 독립적인 자아의식이 싹트기 시작했다.

첫째, 줄거리 면에서 보면, 두 번 버려지는 과정이 그려진다. 그런데 버려도 죽지 않고 도움을 받아 살아나는 서사로 펼쳐진다. 또 달라진 것은 왕과 왕비가 둘 다 병이 든 것으로 그려져 있다. 그리고 아들 육형제가 싸우는 것으로 그리고 있다.

둘째, 인물 변화 면에서 가장 두드러진 것은 딸을 모두 아들로 바꾼 것이다. 내담자는 바리데기를 아들로 바꾸었는데 왜 남자로 바꾸었는지 의미심장하다. 자신에게 집착하는 아버지에 대한 방어적 심리가 나타나 있고 자신이 남자가 되고 싶다는 내적 욕망을 표현한 것을 아닐까 한다.

셋째, 주제는 이전의 바리데기와 결말이 같다고 하는 것으로 보아 부모를 위한 바리데기의 희생과 성장서사이다.

넷째, 특이점은 천천히 무쇠 지팡이와 무쇠 신발을 신고 간다고 이야기하는 장면이다. 그리고 부모를 찾지 않는 바리데기로 이야기를 바꾸었다. 부모에 대한 자식으로서 그동안 가지고 있던 의무감에서 벗어나고 싶은 내담자의 자기서사가 드러나고 있다.

(3) 사례 3: 여섯 언니와 신이 됨

오구대왕과 칠대부인이 부부의 연을 맺는다. 딸 여섯을 얻는데, 그 딸들은 각각 태어난 요일에 의해 신비로운 힘을 얻는다. 월요일에 태어난 첫째 딸은 달의 힘을, 화요일에 태어난 둘째 딸은 불의 힘을……. 그렇게 차례대로 물, 나무, 금, 땅의 힘을 얻는다.

하지만 오구대왕은 신비로운 힘을 가진 딸보다 자신의 자리를 계승할 왕자를 원했기 때문에 칠공주가 태어나자마자 버린다. 처음에는 청학 백학 덕분에 죽지 않았다. 그런 모습을 본 오구대왕은 칠공주를 옥함에 넣어서 바다에 띄워 보내려고 했다. 하지만 그전에 첫째 딸이 태어나서 오구대왕을 막았다. 첫째 딸이 나서니 둘째 딸이 나서고, 둘째 딸이 나서니 셋째 딸이 나서서 막았다. 그렇게 차례대로 딸들이 오구대왕을 막으며 옥함을 열었다. 첫째 딸은 달의 힘을 담은 목걸이를, 둘째 딸은 불의 힘이 담긴 막대기를 주웠다. 그렇게 차례대로 칠 공주는 조개껍데기, 화분, 금덩어리, 흙이 감싸진 종이를 넣어 주었다.

바다를 떠돌던 칠공주를 석가세존이 발견, 비럭할미, 할비가 데려다 키운다. 어느 날 왕과 왕비가 병이 들어 칠공주인 바리를 찾는다. 바리는 약수를 구하러 간다고 하였지만 나머지 여섯 공주는 각자 사연을 말하며 거절한다. 바리가 남자 차림을 하여 길을 떠나려 할 때, 첫째 공주가 슬쩍 나와 바리가 두고 가려던 달의 힘이 담긴 목걸이(막대기, 조개껍데기, 화분) 등이 담긴 자루를 건네 주었다. 바리는 자신이 어렸을 때부터 곁에 있던 물건들을 자신의 언니들이 주었다는 것을 뒤늦게 깨달았다. 바리는 목걸이를 목에 걸고 막대기를 손에 들고 조개껍데기를 주머니에 넣고 그렇게 길을 떠났다.

바리가 호랑이가 준 낙화를 들고, 죄인들은 서방정토로 인도하고, 무상신선을 만나 백년가약을 맺고 칠형제를 낳아 약려수를 얻는다. 바리가 왕과 왕비를 살렸을 때, 바리가 오기를 기다리고 있던 여섯 언니(공주)와 함께 지옥(?) 저승으로 떠난다. 바리가 흙이 감싸진 종이를 여니 지상에 비루한 땅이 촉촉해지고, 저승엔 망자들을 바르게 인도하는 길이 생겼다. 조개를 꺼내니 지상엔 가뭄인 곳에 비가 내렸고, 저승엔 호수가 생기었다. 바리가 금덩어리를 만지니 살아오면서 업과 덕을 쌓은 이에게 재물 운이 생기고, 노잣돈이 없이 저승에 도착한 이에게 돈이 생기었다.

새싹이 자란 화분을 만지니, 나무가 다 베어져 삭막했던 산에 나무가 자랐다. 불의 힘이 담긴 막대기를 휘두르니 지상에 있던 악한 귀신들이 물리쳐졌으며, 지상에서 저승으로 오도록 할 수 있기 위해 밝은 빛이 생겼다.

마지막으로 바리가 목걸이를 만지니 지상에 아픈 자들에게 상처가 치료되고, 달에는 토끼가 생겨 지상에 있는 이들의 소원을 들어주도록 했다. 마지막으로 일요일에 태어난 바리가 자리에서 한 바퀴를 도니 환생이라는 것이 생겼다. 바리는 언니들과 함께 신이 되었고, 언니들은 바리 곁을 지켜 주고 수호해 주는 신이 되었다. 바리는 오구신이 되고 바리의 아들은 칠성이 되고, 오구신은 평토제 제사를 받게 되었다.

내담자의 다시 쓰기에는 내담자의 자아 인식의 변화가 드러나 있다. 부모와 가족을 떠나 친구들과 함께 새로운 삶으로 나아가려는 의식을 보여 주고 있다.

첫째, 줄거리 변화에서 가장 특징적인 것은 언니들의 도움을 받는 이야기로 바꾸었다는 것이다. 다시 쓰기에 등장하는 여섯 언니는 평소 내담자의 삶에 영향을 미치고 있는 친구들의 표상이다.

둘째, 인물의 변화에서 보면, 바리를 도와주는 인물로 여섯 언니를 그렸다. 바리가 살아갈 수 있도록 도와주고 협력하는 형제들을 그렸다.

셋째, 주제가 일방적인 바리의 희생이 아니라 언니들과 함께 이루는 공동체적인 아름다운 성장 이야기이다. 결국 바리데기가 언니들과 함께 신이 되는 이야기로 만들었다.

넷째, 다시 쓰기의 특이점은 바리데기를 위해 언니들이 주는 조개껍데기, 화분, 금덩어리 등은 내담자가 친구들에게서 얻고 있는 삶의 선물이다. 심층상담에서 내담자는 삶의 중요한 것들을 친구들에게서 배웠다고 했다. 자신이 어렸을 때부터 곁에 있던 물건들을 언니들이 주었다는 것을 깨달았다고 말하는 부분이 매우 의미심장하다. 이 물건들은 바리데기가 능력을 발휘하는 데 매우 중요한 매개물로 쓰이는 이야기를 만들었다. 실제 내담자의 성장 과정에 필요한 것들을 친구들을 통해서 얻고 있다.

✱12회기 자아변화 인식하기

1) 활동 목표

내담자는 바리데기를 대상으로 한 시 쓰기 활동을 통해 자기감정을 상징적으로 표현한다. 시 쓰기를 통해 자기 감정적 태도를 드러내고 정서 표현으로 억눌러 왔던 자기 감정을 배설한다.

2) 활동 전개

- 내담자는 바리데기를 소재로 시 쓰기 활동에서 바리데기에 대한 동일시를 이루어 자기 감정을 상징적으로 표현한다.
- 바리데기의 마음에 공감하고 바리데기가 되어 시를 쓰고 이야기를 나눈다.

3) 활동 사례

(1) 사례 1

바리의 믿음

힘들지만
책임을 진다.
힘들지만
분명 그곳에서

얻는 게 있을 거다.

힘들지만

나만 그런 게 아니니

괜찮다.

힘들지만

분명 이 상황을 떠올리며 웃을 날이 올 거다.

내담자의 시에는 '힘들지만'이라는 단어가 반복되고 있다. 현실은 자신이 감당하기에 너무 힘들지만 나아질 것이라는 미래에 대한 작은 희망을 마음에 품고 있다.

(2) 사례 2

나는 바리처럼

바리, 바리 바리데기야

버림받은 널 보니 내가 떠오르는구나.

나는 바리처럼 버림받아

홀로 살아왔다.

혼자 자랐지만

혼자서는 뭐 하니 선택히지 못했던 나는

바리처럼 되고 싶구나.

바리야 너는 어찌

무쇠 갑옷을 입고 떠날 수 있었니?

나도 멀리 무쇠 갑옷을 입고 떠나리라.

나도 바리가 되리라.

내담자의 시에는 '무쇠 갑옷'을 입고 바리처럼 떠나겠다는 의지가 담겨 있다. 어려서 어머니를 잃고 아버지를 돌보는 아이의 모습을 벗어나 자신을 스스로 일으켜 세우고 이제는 자기 미래를 위한 나아가고 싶은 소망을 함축하고 있는 시이다. 어머니를 잃고 슬퍼하는 자신을 아무도 돌봐주지 않아서 외롭게 성장했던 어린 시절의 아픔을 이겨 내고 단단하게 무장하는 바리처럼 마음을 굳게 먹고 자신을 위해 성장의 길을 나서는 마음을 표현했다.

✳️13회기 자기 개방으로 가족 받아들이기

1) 활동 목표

내담자는 '진실의 편지 쓰기'를 통해 자기 속마음을 드러내고 싶은 가족에게 편지를 쓰면서 자기 가족을 받아들이는 내면의 변화를 표현하고 자기 개방으로 치료적 경험을 하게 된다. 내담자의 내면에 담겨 있는 부모에 대한 원망을 편지로 표현하는 진실의 편지 쓰기 활동을 통해 부모에 대한 마음속의 억울함과 부정적인 감정을 발산하게 함으로써 가족관계를 새롭게 설정하는 계기가 된다.

2) 활동 전개

- 내담자는 가족에 대해 새롭게 달라진 자신의 마음을 진실의 편지 쓰기로 표현하다.
- 내담자는 가족에 대한 감정을 진솔하게 표현하고 카타르시스를 경험한다.
- 내담자가 자신의 감정을 직설적으로 표현하도록 유도하고 감정을 진솔하게 표현하는 것을 안전하게 느끼도록 분위기를 만든다.

3) 활동 사례

(1) 사례 1

엄마, 엄마는 아빠와 다른 사람이라고 생각했어요.

할머니가 말씀하시는 엄마는 항상 피해자였으니까요.

그래서 나를 키우는 것보다 자기 자신을 돌보는 엄마를 보고도 괜찮았습니다.

그 대신 할머니를 주셨으니까요.

그런데요. 엄마! 피해자도 가해자가 될 수 있습니다. 우리 자매 대신 자신을 돌보는 걸 선택한 엄마는 그마저도 실패했습니다.

할머니가 엄마에게 관심을 주지 않았고, 아빠에게 맞아 상처를 더 입었으니 그럴 수 있다고 생각합니다. 엄마를 이해하도록 하겠습니다.

제가 아빠보다 엄마를 덜 싫어하는 이유는 엄마도 많은 상처가 있었기에 그럴 수도 있다고 생각했던 겁니다.

어머니에 대해 새로운 눈으로 바라보는 단계이다. 어머니는 자신에게 너무 부담스럽고 모자란 어머니이지만 어머니를 할머니의 말처럼 아버지로 인한 상처 때문에 그랬을 수 있다고 이해하는 장면이다. 자신이 아버지보다 어머니를 덜 싫어하는 이유도 어머니의 상처를 알고 있기 때문이라고 하였다.

(2) 사례 2

> 난 아빠를 용서하기 싫었어. 아빠가 저지른 모든 일에 이유와 면죄부가 주어질까 봐.
>
> 내가 아빠를 이해하게 될까 봐. 난 아직도 그때 머물러 있는데……. 내가 어떻게 아빠를 용서할까 하는 생각이 들었어.
>
> 하지만 아빠를 용서하려 해.
>
> 근데 오해하지 마. 아빠가 했던 모든 일을 잘했다는 게 아니니까.
>
> 아직도 용서라는 말이 입에 잘 안 붙고 거부감이 드는데, 내가 용서하고 싶은 이유는 단 하나야.
>
> 나 자신을 지키고 싶어.
>
> 겁에 질려서 폭력에 그대로 노출되어 지금에 이르러서도 벌벌 떠는 내가 싫어.
>
> 똑같은 사람이 되고 싶지 않은데, 나도 자식인지라 아빠를 닮아 가는데 그런 나 자신을 고치고, 적어도 아직도 울고 있는 나 자신을 달래 주고 싶어.
>
> 쉽진 않겠지만, 지금에라도 하고 싶어. 외면하고 싶은데 그러면 더 힘들 테니까.
>
> 내가 아빠를 용서하는 이유는 그때 그 그림자에서 벗어나고 싶기 때문이야. 아직도 아빠의 행동을 이해할 수도 없고, 이해하고 싶지 않아.
>
> 근데 인생에 주인공은 나라고 하는데 마냥 잡혀 살 수는 없잖아. 그냥 그렇다고.

내담자는 아버지에 대한 용서의 편지 쓰기를 통해서 자기의 삶을 위해 아버지를 용서하겠다는 용기를 보인다. 자아성장 문학치료 상담에서 가장 치유적인 결과를 보이는 사례이다. 가장 자신을 솔직하게 개방하고 부모에 대한 상처를 내보인 결과이다. 내담자는 자기 자신을 지켜야 하고 바리데기처럼 인생의 주인공으로 살고 싶은 자아분화 의식이 싹트고 있다. 그리고 그 어린 시절의 그림자에서 벗어나고 아직도 울고 있는 어린 시절의 자기 자신을 달래고 싶다고 한다. 자신 속에 울고 있는 내면 아이를 스스로 치유하는 놀라운 장면이다. 문학치료 사례연구 활동의 유효성을 보여 주고 있다.

청소년의 자아성장을 위한
문학치료

9

문학치료를 통한
청소년의
자아 성장과 변화

● 청소년의 자아 성장과 변화

문학치료를 통한 청소년의 자아 성장과 변화

✲ 청소년의 자아 성장과 변화

1) 청소년의 자아 성장 서사

(1) 사례 1: 부모에 대한 원망과 미움에서 포용하는 마음으로

내담자는 문학치료 프로그램을 통하여 초기 청소년기에 매우 전형적인 부모화된 자기서사를 나타내었고, 후기 청소년기로 가면서 유의미한 자기서사의 변화를 나타내었다. 초기 문학치료 프로그램에서는 문학치료 활동과정에서 어려서 돌봄을 받지 못한 자신의 삶에 직면하여 부모를 원망하는 마음을 품었으나 후기 문학치료 프로그램을 하면서 자기인식을 바꾸고 부모를 이해하고 받아들이는 서사로 바꾸었다.

내담자는 「심청전」을 바탕으로 한 초기 청소년기 문학치료 활동에서 심청을 자기와 동일시하고 자신과 비슷하다고 이야기했다. 그리고 심청에게 편지 쓰기 활동에서 "남을 돕는 건 좋지만, 다른 사람들 때문에 너의 모습을 잃어버리지 않았으면 좋겠다."라는 성찰을 하게 된다.

「바리데기」를 바탕으로 한 후기 청소년기 문학치료 활동에서 내담자는 가장 마음에 드는 장면으로 바리가 아이를 데리고 한 손에 무쇠 지팡이를 들고 구약 여정을 떠나는 모습을 그렸다. 자신도 바리처럼 부모를 위해 어쩔 수 없이 구약 여정을 떠날 것이고, 구약 여정은 인생의 세 번의 고개를 넘어 어려운 일을 헤쳐 나갈 수 있는 능력을 얻는 것이라고 느꼈다. 내담자는 구약 여정에 대한 문학치료적 탐색을 통해 바리데기의 서사를 이해하고 자기 삶에 대응하여 받아들여서 고생하는 삶, 희생하는 삶을 통해 성장하는 바리데기 자아 성장 서사를 받아들이고 내면화하는 모습을 보였다. 그리고 예전에는 착한 딸이 되려고 했고 부모를 싫어하고 친구와 할머니를 좋아했지만, 지금은 누군가를 싫어하지 않으려고 노력하는 모습으로 변화했다고 이야기했다. 내담자의 자기서사가 「바리데기」 작품서사에 공명하며 긍정적으로 변화하였다.

　내담자는 「바리데기」 성장서사를 자신의 내면에 받아들여 긍정적인 자아상으로 변화하였다. 내담자는 문학치료 반응에서 바리데기 작품서사의 결말이 마음에 들고 자기 힘으로 성공하여 모두를 포용하는 게 멋있다고 말하면서 부모에 대한 원망과 미움을 승화하여 포용의 서사로 변화하였다. 그래서 시 쓰기 활동에서 힘들지만, 자신이 힘든 상황을 이겨 내고 자아 성장을 이룰 수 있다고 표현했다. 괜찮다고 스스로 위로하면서 지금의 어려움이 나중에 사라지고 웃을 날이 온다고 스스로를 위로하는 시를 썼다. 지금은 힘들지만 자기 삶을 받아들이고 스스로 자신을 북돋우며 앞으로 나아가겠다는 의지를 표현했다. 바리의 무쇠 지팡이를 한 손에 쥐고 무쇠 신발을 신고 굳세게 나아가는 모습을 내면화했다. 바리의 모습을 완전히 자기 자아에 반영하여 바리를 동일시하고 자아변화를 이루고 있다.

내담자의 이러한 자아 성장의 서사는 바리에게 편지 쓰기 활동에서 잘 드러나 있다. 바리데기에게 "힘들지만 그래도 모든 걸 이겨 내고 자신을 찾아낸 게 멋있다."라고 이야기하고 있다. 그리고 도전정신을 배웠다고 이야기하고, 그런 도전정신을 배우게 해 준 바리데기에게 고맙다고 했다. 현재 자기 부모와 가족으로 인해 힘든 상황이지만 이겨 낼 수 있다는 의지를 보여 주었다. 내담자는 문학치료를 통해 건강한 자기서사의 변화를 이루어 냈다.

(2) 사례 2: 바리데기가 되어 아버지를 구하고 미래를 향하여

내담자는 초기 청소년기 문학치료 활동에서 심청과 자신을 동일시하면서 아버지에 대한 무조건적인 책임감을 표현하고 아버지에 대한 원망과 미움의 감정을 품고 있는 자신의 내면을 직면하였고, 후기 청소년기 문학치료 활동을 통해 바리가 되어 아버지를 포용하는 자아 성장 서사로 변화하였다.

내담자는 「심청전」을 바탕으로 한 초기 청소년기 문학치료 활동을 통해 심청이가 아버지를 돌보는 것을 당연시하는 자아의식을 드러내었다. 심청에 대한 시 쓰기 활동에서 아버지를 위해 동냥하러 다니는 힘겨운 심청을 시로 표현했다. 그런데 「심청전」 2차 다시 쓰기에서 심청이가 아버지를 위해 몸을 던지고 가족이 화해하는 서사로 바꾸었다. 심봉사가 하늘에서 아내 곽씨 부인과 심청을 만나 행복하게 사는 이야기이다. 아버지와의 관계를 원망과 절망의 서사에서 관계를 회복하는 서사로 바꾸었다. 내담자는 초기 청소년기 문학치료 활동을 통해 아버지를 포용하고 새로운 관계로 나아가서 부모를 끌어안는 자아 성장의 변화를 드러냈다.

내담자는 「바리데기」를 바탕으로 한 후기 청소년기 문학치료 활동에서 어머니에 대한 그리움을 가슴에 속에 품고 살아가는 자기서사를 드러냈다. 바리데기가 길대부인을 만나 끌어안고 우는 모습을 그리면서 자신을 멀리 하늘나라에서 지켜보고 있을 어머니를 떠올리고 어머니에 대한 애도의 마음을 표현했다. 이후 그리움의 대상이었던 어머니가 자신을 멀리서 응원하는 존재로 인식이 바뀌었다. 어머니에 대한 애도의 마음이 점차 해소되고 있음을 보여 준다.

내담자는 바리데기의 서사에 공명하면서 자신의 힘들고 고통스러운 현실을 꿋꿋하게 이겨 내리라는 굳은 의지를 표현하였다. 그리고 자아분화 의식이 발달하면서 자신을 키운 것은 부모나 가족이 아니고 '나 자신'이라는 인식을 드러내었다. 특히 랩 가사 쓰기와 같은 문학치료 활동을 통해 자기의 외롭고 힘든 삶의 이야기를 노골적으로 분출하였다. 이러한 문학치료 활동과정에서 자기 삶을 회고하며 자기의 외롭고 힘들었던 성장기에 대해 랩 가사에 감정을 쏟아 내었다. 내담자는 점차 그동안 당연시하던 부모를 돌보는 무거운 책임감으로 힘들었던 자신의 삶을 성찰하고 자신을 객관적으로 바라보는 자아변화의 계기를 이루었다.

내담자가 자기의 삶을 '낯설게 보기'라는 단계에 이른 것은 자아 성장의 변화를 드러내는 방향 설정이다. 자아가 성장하여 이전과는 다른 새로운 자아인식의 눈을 뜨게 되었음을 나타낸다. 내담자는 문학치료를 통해 내면의 상처와 고통을 직면하고 '과거의 나'에서 벗어나 '진정한 나'를 찾아 떠나는 바리데기의 길을 따라 자아 성장의 길로 들어섰다. 이러한 자아변화는 진실의 편지 쓰기에 잘 드러난다. 내담자는 진실의 편지 쓰기에서 아버지를 연민하고 자신의 감정을 숨기던 관계 인식에서 벗어나 아버지와의 왜곡된 관계를 직면하고 새로운 관계 설정을 위한 자아

변화를 이루는 모습을 보여 주었다.

내담자의 자아 성장 서사는 부모니까 자신도 바리처럼 약수를 구하러 갈 것이라는 반응에 드러난다. 그리고 그것은 아버지를 살리는 길이기도 하지만 결국 자기의 꿈을 이루기 위한 길이라는 인식에 도달한다. 내담자는 바리데기의 서사에 완전히 동화되어 나중에는 '가족을 살리는 나'에 대해 생각하게 되었고, 아버지도 나름의 고충이 있었을 것이라는 이해의 마음을 가지게 된다. 그래서 내담자는 시 쓰기 활동에서 '나도 바리처럼'이라는 제목을 통해 바리처럼 자아 성장의 길을 가겠다는 마음을 표현했다. 그리고 자신도 바리처럼 무쇠 갑옷을 입고 떠나서 바리가 되겠다는 의지를 표현했다. 단단하게 마음을 먹고 지금의 힘든 현실을 이겨 내고 희망을 품고 나아가겠다는 자아 성장의 변화가 드러났다. 그리고 바리데기에게 쓰는 편지에서 바리데기가 부모한테 버림받고 많은 고난과 시련을 이겨 내는 모습이 멋있다고 이야기했다. 그리고 자신도 바리처럼 구약 여정을 떠났을 것이라고 이야기하면서 바리의 의지가 멋있다고 칭찬하고 있다. 작품 속 인물인 바리데기를 통해 내담자가 자신도 그 인물을 닮아 고난을 이겨 낼 의지를 스스로 내면화하는 모습이다. 내담자는 후기 문학치료 활동을 통해 초기 문학치료 시에 나타난 자아인식에서 탈피하여 부모화된 자기 삶을 이해하고 받아들여서 진정한 자아 성장 단계로 시작하는 자아 성장의 변화를 드러내었다.

(3) 사례 3: 진정한 나를 찾아 떠나는 바리데기가 되어

내담자는 초기 청소년기 문학치료 활동에서는 아버지에 대한 매우 노골적인 원망과 미움의 감정을 표출하였고, 후기 청소년기 문학치료 활동을 통해 우울하고 무기력한 자신의 삶에서 벗어나 긍정적인 미래를 꿈꾸는 바리가 되어 자신의 삶을 개척하겠다는 의지를 가진 자기서사의 변화를 이루어 냈다.

내담자는 「심청전」을 바탕으로 한 초기 청소년기 문학치료 활동에서 심청이가 아버지로 인해 불행해졌다는 부정적인 인식을 표현하였다. 그런데 내담자는 「심청전」 2차 다시 쓰기에서 심청이가 아버지를 먼저 찾는 이야기를 만들었다. 심청을 걱정하는 아버지의 모습을 통해 내담자의 부모에 대한 인식이 변화했고, 부녀가 화해하고 서로를 위하는 관계 회복 서사를 보여 준다. 심봉사를 심청을 걱정하고 돕는 아버지로 바꾸고 서로 돕고 사는 부모-자녀 관계로 변화하는 서사를 보여주고 있다. 서로 걱정하고 돌보는 관계로 가족에 대한 서사가 변하고 있다. 이전에 가졌던 무책임하고 자식을 돌보지 않는 부모에 대한 원망과 미움으로 부모를 배격하고 거부하던 내담자의 부모에 대한 자기서사가 변하는 양상을 보여 주었다.

내담자는 「바리데기」를 바탕으로 한 후기 문학치료 활동을 통해 긍정적인 자아 성장의 변화를 보였다. 마음이 움직이는 장면으로 바리데기가 비범한 인물임을 알려 주는 태몽 내용을 그렸는데, 바리데기처럼 귀한 존재가 될 수도 있을 것이라는 자아의식을 드러내었다. 바리데기와 자신을 연결 짓기에서 자신이 바리데기와 비슷한 것은 아버지와 사이가 좋지 않아서라고 응답했다. 가족은 자신에게 어떤 의미인지 부모는 어떤 의미인지에 대해 성찰하는 모습을 보였다. 바리데기 성장서사에 대한 반응으로 자신을 성장시킨 존재로 초등학교 때는 '엄마, 친구, 인터넷'이라고 정리했다. 그런데 지금은 '나의 삶, 친구'라고 응답해서 자아 성장의 길에 접어들었음을 보여 주었다.

내담자는 문학치료 활동을 통해 부모에 대한 원망과 미움을 가슴 깊이 담고 승화하지 못하고 있음을 드러내었다. 내담자는 부모화된 청소년으로서 부모화 요소 중 불공평 요소가 강할수록 심각한 심리적 문제가 드러나는 사례라고 할 수 있다. 이러한 내담자가 「바리데기」 구약 여정 서사에 대한 반응에서 자아 성장 자기서사를 드러내었다. 바리데기가 구약 여정을 떠난 것은 고통뿐 아니라 성장과 깨달음을 얻어서 의미가 있다고 받아들였다. 내담자는 바리데기처럼 부모를 위해서가 아니라 자기 자신을 위해 구약 여정을 떠날 것이라고 했다. 구약 여정과 같은 것은 무엇인가라는 질문에 친구 관계와 정체감 혼란이라는 응답을 한다. '나는 누구인가? 뭐가 되어야 하는가?'라는 의문이 생겼다고 한다. 자아 성장의 발달이 이루어지고 있는 부분이다. 내담자는 바리데기 서사를 통해 부모를 살려 내고 오구신이 된 결말서사의 의미를 부모의 영향에서 벗어나 진정한 나로 살아가는 삶을 선택했기 때문이라고 인식했다. 내담자는 문학치료 활동을 통해 과거의 힘들었던 부모에 대한 자신의 원망과 미움의 감정을 벗어 버리고 이젠 미래의 자신을 위해 꿈을 꾸고 있다고 표현하였다.

내담자는 「바리데기」 1차 다시 쓰기에서 구약 여정을 떠날 때 언니들의 협조와 또래 친구들로 인해 성장하는 모습을 보여 주었고, 남자 차림을 하고 떠나는 부분에서 강한 의지로 자신 앞에 놓인 길을 가겠다는 의지를 표현하였다. 내담자에게는 여섯 언니로 상징되는 친구가 자신의 삶에 매우 중요한 부분임을 인식하고 자신의 자아 성장의 핵심임을 이야기했다. 내담자의 이러한 변화는 「바리데기」 2차 다시 쓰기에서는 아버지를 살리고 사과를 받는 서사로 바꾸는 부분에 잘 드러난다. 내담자가 부모로 인한 과거의 상처를 회복하고 자아 성장을 이루는 부분이다. 내담자의 아버지로 투사되는 오구대왕이 눈물이 고인 채 미안하다고 사과하고 바리데기와 화해하는 장면으로 바꾸고, "상처받은 자식에게 제 도리를 다하지 못하는 사람들의 영혼을 보듬어 주는 오구신이 된다."라는 결말로 서사를 마치고 있다. 내담자가 부모를 배격하는 자기서사에서 슬픔을 치유하고 부모를 포용하는 자기서사로 바뀌는 자아 성장 부분이다.

2) 부모화된 나에서 벗어나 새로운 미래를 꿈꾸는 나로

(1) 사례 1: 책임감으로 힘겨운 심청이 포용하는 바리데기로

내담자는 문학치료 활동을 통하여 긍정적인 자아인식의 변화를 보여 주었다. 초기 청소년기 프로그램에서 표현했던 부모에 대한 원망과 무거운 책임감의 자기서사가 후기 청소년기 프로그램을 통하여 철없는 부모를 끌어안는 바리데기 포용의 자기서사로 바뀌었다.

내담자는 초기 문학치료 활동으로 시행한 「심청전」 1차 다시 쓰기에서 심청이 부모를 원망한다는 이야기로 바꾸었다. 이 부분에서 내담자의 자기 부모를 원망하고 미워하는 자기서사가 드러났다. 내담자는 점차 문학치료 활동이 진행되면서 심청에게 편지 쓰기 활동 등에서 심청이 아버지를 위해 희생하긴 했지만 결국 자기 자신을 위한 것이라고 이야기하고, 진정한 자아를 찾고 아버지를 위해 잔치를 열어 준 것은 너무 멋있다고 이야기했다. 그리고 남을 돕는 것도 좋지만 자기의 모습을 잊지 않기를 바란다고 표현하면서 자아인식의 변화를 드러내었다.

내담자는 후기 문학치료 활동을 통해 바리데기의 성장서사를 따라 자아변화 양상을 보여 주었다. 자신도 바리처럼 부모를 위해 어쩔 수 없이 구약 여정을 떠날 것이고 구약 여정을 통해 인생의 세 번의 고개를 넘어

어려운 일을 헤쳐 나갈 수 있는 능력을 얻을 수 있다고 표현하였다. 내
담자는 바리데기 서사에 감응하여 시 쓰기 활동에서 '힘들지만'이라는
말 속에 현재 자신이 얼마나 힘들고 슬픈지 이야기하면서 힘든 삶을 꿋
꿋이 가고 싶다는 마음을 표현하였다. 내담자는 자신의 현실을 받아들
이고 삶의 어려움을 이겨 내고 힘들어도 자신의 성장을 향해 바리데기
처럼 앞으로 나아가겠다는 의지를 보여 주었다.

(2) 사례 2: 로봇 심청이 무쇠 갑옷을 입고 떠나는 바리데기로

내담자는 문학치료 활동을 통하여 매우 유의미한 자아인식의 변화를
보여 주었다. 초기 청소년기 프로그램에서 표현했던 항상 희생하고 사
는 자신의 삶에 대한 절망감의 자기서사가 후기 청소년기 프로그램에서
굳은 삶의 의지로 극복하고자 하는 자기서사로 바뀌었다.

내담자는 초기 문학치료 활동에서 심청과 같이 부모를 위해 희생을 하
는 자신을 당연시하였다. 심청처럼 철없는 아버지를 돌보는 삶을 당연
하게 받아들이는 희생적인 자기서사가 나타났다. 어머니를 어려서 잃고
자신에게 집착하고 기대는 아버지를 돌보아야 하는 부모화된 자신의 삶
을 온전히 받아들이고 있었다. 그래서 「심청전」 1차 다시 쓰기에서 자
신을 로봇으로 상징하는 이야기를 만들었다. 자신의 감정을 억압하고
오로지 아버지의 기대와 요구에 순응하는 자신을 로봇으로 상징하여 그
억눌린 상처를 표현하였다. 그 후 서서히 심청의 서사에 동화되면서 자
기의 내면을 탐색하고 부모화된 삶에 의문을 가지고 자신의 삶을 성찰
하는 자아변화가 나타났다.

내담자는 후기 문학치료 활동을 통해 가족에게서 독립하고자 하는 자
기서사의 변화를 보였다. 「바리데기」를 바탕으로 한 활동을 통해 아버

지를 원망하는 마음을 겉으로 드러내고 그동안 힘들었던 자신의 삶을 직면하고 감정을 표출하였다. 특히 랩 가사 쓰기 활동을 통해서 자신의 성장과정의 아픔을 분출하고 이젠 아버지의 구속에서 벗어나겠다는 자아 성장의 의지를 드러내었다. 그리고 바리데기의 성장서사를 따라가면서 바리처럼 무쇠 지팡이와 무쇠 신발을 신고 구약 여정을 출발하겠다는 의지를 드러내었다. 내담자는 자신도 바리데기의 구약 여정을 따라 부모에게서 벗어나 자신만의 삶의 길을 걸어가야겠다는 의지와 미래에 대한 희망을 품는 자아인식의 변화와 성장을 드러내었다. 내담자는 문학치료 활동을 통해 부모화로 인한 자신의 왜곡된 삶을 직면하고 과거를 딛고 새롭게 자신이 선택한 삶을 향해 나아가려 하는 의지를 보였다.

(3) 사례 3: 괴물 심청에서 오구신 칠공주로

내담자는 문학치료 활동을 통하여 점차 자신의 내면의 아픔을 치유하고 성장하는 자아인식의 변화를 보여 주었다. 초기 청소년기 프로그램을 통하여 자신을 가족에게서 고립되어 외로운 존재로 인식했던 자기서사가 후기 청소년기 프로그램을 통하여 굳게 닫혀 있던 마음의 문을 열고 세상과 친구들을 자기 맘속으로 받아들이는 자기서사로 바뀌었다.

내담자는 초기 문학치료 활동을 통해 자기 부모에 대한 원망과 미움의 감정을 매우 진솔하게 표출하였다. 그래서 「심청전」 1차 다시 쓰기에서 심청을 괴물로 설정하고 죽음으로 결말을 만들어서 다른 사람에게 괴물로 인식되는 부정적인 자아인식을 드러내었다. 이러한 부정적인 자아인식이 시 쓰기 활동을 통해 매우 상징적인 언어로 표출되었고, 평소에 말로 표현하지 못했던 가족관계 안에서 품었던 내적 갈등과 아픔을 다양한 문학치료 활동을 통해 투사적으로 쏟아 내는 카타르시스 과정을 통해 감정의 치유를 경험하였다. 특히 집단상담 장면에서 다른 내담자들과 함께 가족에 대한 고민을 털어놓고 서로 공감하고 연민하는 집단적 소통의 시간을 통해 자기 내면을 개방하는 치료경험을 했다.

내담자는 후기 문학치료 활동 중 「바리데기」 1차 다시 쓰기에서 여섯 언니의 도움을 받고 나중에 같이 칠공주 오구신이 되는 서사를 만들어 냈다. 초기 청소년기 문학치료 활동에서 다른 사람들이 자신을 괴물로 바라본다는 부정적인 자아인식이 친구들과 같이 어울려 살아가는 존재가 되고 싶다는 긍정적인 자아인식으로 바뀌었다. 그리고 진실의 편지 쓰기 활동에서 자신의 부정적인 감정을 솔직하게 표현하고 부모로 인한 마음의 상처를 내보이면서 자기 삶을 위해 아버지를 용서하겠다는 용기를 표현하였다. 내담자는 스스로 자기 자신을 지켜야 하고 바리데기처럼 인생의 주인공으로 살고 싶다는 희망을 이야기했다. 그리고 그 어린 시절의 그림자에서 벗어나고 아직도 울고 있는 어린 시절의 자기 자신을 달래고 싶다고 하였다. 내담자가 문학치료 활동을 통해 자신 속에 울고 있는 내면 아이를 스스로 치유하고 미래를 꿈꾸는 긍정적인 자아상의 변화를 보여 주었다.

청소년의 자아 성장을 위한
문학치료

청소년의
자아 성장을 위한
문학치료의 의의

- 청소년의 자아 성장을 촉진하는 문학치료
- 청소년의 성장기를 따라가는 문학치료
- 청소년을 위한 문학치료의 의의

10

청소년의 자아 성장을 위한
문학치료의 의의

🌸 청소년의 자아 성장을 촉진하는 문학치료

청소년기 발달 과제 중 자아 성장은 부모로부터 자아가 독립하여 건강한 성인으로 성장하는 바탕이 된다. 청소년기에 부모로부터 긍정적인 지지를 받고 스스로 자기 삶의 영역을 구축하는 경험을 통해 건강한 자아 성장 발달이 이루어지게 된다. 특히 가족의 지지를 많이 받은 청소년일수록 자아 성장 수준이 높아 갈등 상황에 있을 때 잘 적응하고 스트레스를 잘 조절하게 된다. 그런데 문학치료 내담자처럼 부모-자녀가 역전된 가족 체계 속에서 돌봄과 양육을 제대로 받지 못한 청소년은 건강한 자아 성장 발달을 이루기가 어렵다. 이렇게 심리적·사회적 문제들로 인해 어려움을 겪고 있는 청소년에게 문학치료적 접근은 매우 효과적인 치료방식일 수 있다.

청소년들의 발달 과제인 자아 성장 문제는 여러 가지 요인들이 작동하는 문제이다. 즉, 가족 체계, 청소년의 심리적 특성, 사회문화적 요인 등 다양한 요인이 작용한다. 그래서 실제 상담 장면에서 정신분석학적인 접근과 같은 환원론적인 방식보다는 문학치료 프로그램과 같은 개방적인 접근이 청소년에게 더 효과적일 수 있다. 문학치료 프로그램은 청소년에게 문학치료적 접근을 실행하여 청소년의 흥미와 관심에 맞게 적용하여 일반적인 심리상담 요법보다 정신적인 부담을 줄이고 자연스럽게 심층적인 내면에 다가갈 수 있는 효과적인 치료적 접근법이다.

문학치료 접근방식의 효과를 살펴보면 다음과 같다.

첫째, 문학 텍스트를 통한 간접적인 접근방식이 청소년들에게 적합한 방식이다. 청소년기에는 자기 내면을 다른 사람에게 직접적으로 이야기하기 힘들어하는 시기이다. 그런데 문학치료는 자기 심층내면의 문제를 작품서사에 반응하면서 자연스럽게 표출하게 된다. 문학치료 프로그램에서도 각 내담자의 심리적 문제가 인물의 서사를 따라가면서 자연스럽게 각각 표출된다.

둘째, 문학치료의 텍스트인 문학작품이 가지는 치유의 힘이다. 문학치료 텍스트로 다룬 「심청전」과 「바리데기」는 그 서사 자체가 내담자에게 공감과 감동을 불러일으키는 문학의 가치를 발현한다. 내담자들은 옛이야기가 지니는 치유적 가치를 통해 자기 내면에서 스스로 치유의 열쇠를 찾아내었다. 물론 문학작품의 감상은 각 주체가 어떻게 수용하느냐에 따라 다르게 작동되는데, 이 점이 바로 진정한 문학치료의 가치이다. 하나의 정답이 있는 것이 아니라, 각 문학작품의 수용자가 자기 내면에 비추어 자신의 내적 문제를 해결하는 방법들을 찾아 나가는 주체적 과정이므로 각자의 다른 개성적이고 창조적인 방향으로 전개되어야 한다. 내담자들은 같은 「심청전」을 읽으면서도 각기 자기 내면에 담긴 자기서사에 따라 다른 반응양상을 보였다.

셋째, 청소년에게 흥미와 관심을 불러일으키는 치료적 접근이라 할 수 있다. 실제 청소년기에는 발달 과제인 자아 성장의 문제로 힘들어하는 시기이다. 특별히 정신적인 문제가 겉으로 드러나 있지 않더라도 내면에는 성장기의 특징으로 인해 매우 예민하고 불안한 시기이다. 학교 교사나 부모에게 차마 털어놓기도 어려운 심리적 문제들을 긴장하지 않고 자연스럽게 이야기하는 문학치료적 접근이야말로 청소년에게 적절한 방식이다. 내담자들은 마무리 장면에서 너무 재미있고 흥미로운 상담 활동이었다고 소감을 이야기했다. 특히 옛이야기를 나누면서 자연스럽게 마음속에 있던 이야기를 털어놓을 수 있어서 좋았다고 한다. 문학치료는 특히 청소년기 내담자에게 매우 부담 없이 접근할 수 있는 상담 활동이라고 볼 수 있다.

넷째, 문학치료는 청소년이 자아를 탐색하고 스스로 자기 내면을 성찰하면서 한 단계 성장한 자아를 만나게 함으로써 청소년기 발달 과제를 성공적으로 성취하는 데 도움을 줄 수 있다. 문학치료는 진정한 자기 자신을 찾아 자아 성장을 이루는 창의적이고 개성적인 주체화 반응을 목표로 한다. 즉, 문학치료를 통하여 '나는 누구인가'를 탐색하면서 자신의 삶을 직면하고 현실적으로 이해하는 능력을 키우고 자신을 있는 그대로 수용하며 다른 사람에게 자신을 개방하는 경험을 통해 자아 성장의 발판을 마련하게 된다.

✽ 청소년의 성장기를 따라가는 문학치료

문학치료는 내담자가 경험으로 인한 성장·발달의 문제를 해결하고 자아 성장을 이루는 것이 목표이다. 청소년의 성장 시기에 맞추어 자아 성장과 발달을 자연스럽게 촉진하는 문학치료 프로그램이다. 문학치료는 청소년의 부모로부터의 건강한 자아 성장 발달을 목표로 성장 시기를 따라가면서 실행하고, 관찰된 내담자의 성장과 변화를 이끌고자 한다.

초기 문학치료 프로그램은 「심청전」을 바탕으로 초기 청소년 내담자가 경험을 인식하고 스스로 자기 삶을 성찰하여 자아성찰의 눈을 뜨게 하는 활동으로 전개된다. 후기 문학치료 프로그램은 이전 초기 활동을 통해 이루어진 삶에 대한 성찰에서 한 단계 더 나아가 진정한 자아를 찾아가는 자아 성장의 여정이라고 할 수 있다. 문학치료 프로그램은 '나는 누구인가'에서 출발하여 '진정한 나'를 탐색하는 자아 성장의 길을 스스로 찾아 나가는 길을 제시하고자 한다. 내담자는 문학치료 프로그램을 통하여 자아형성 시기인 청소년기의 성장기의 특성에 따라 문학치료의 뗏목을 타고 자아탐색의 길로 떠나는 치료적 여정을 함께 한다.

문학치료 프로그램의 적절성을 살펴보면 다음과 같다.

첫째, 문학치료 프로그램을 통해 청소년의 자기서사를 탐색함으로써 자기 삶을 통찰하고 새로운 삶으로 변화하고자 하는 인식의 전환을 이루었다. 그리하여 프로그램 활동 이후 자아인식이 변화하고 지나치게 부모에게 경도되었던 관계인식이 변화한다.

둘째, 어린 시절부터 마음속에 남아 있던 부모에 대한 부정적인 감정들을 표출함으로써 카타르시스를 경험한다. 이후 부모에 대한 새로운 의식을 가지게 된다. 어린 시절 과하게 부과되었던 역할에서 벗어나 온전한 '나'를 찾는 과정으로 건강한 자아 성장 발달을 촉진하게 된다.

셋째, 활동의 텍스트인 문학작품을 통해 삶의 방향성을 바로 잡는 성장의 모델링이 된다. 특히 후기 문학치료 프로그램의 텍스트인 「바리데기」는 부정적이었던 부성상을 극복하고 진정한 참된 나를 찾는 삶의 여정을 보여 주는 문학작품이다. 내담자가 작품서사를 이해하고 그 작품서사를 따라가며 삶의 길을 찾는 데에 유용한 지도가 된다고 할 수 있다.

넷째, 성장을 따라가는 프로그램의 의의를 실현하게 된다. 중학교 1학년 14세에 시작하여 후기 문학치료 프로그램 마무리 시기인 17세로 성장하면서 실제 성장·발달과 연계한 문학치료가 청소년의 심리적 발달을 긍정적으로 촉진하는 매개체가 된다. 문학치료 프로그램을 매개로 부정적이었던 자아상이 점차 긍정적인 자아상으로 변화하는 데 문학치료가 지닌 치유의 힘이 작용하고 있다는 것을 확인할 수 있다.

청소년의 자아 성장을 위한 문학치료 프로그램은 시기적으로 청소년기라는 성장기에 맞추어 설계했다는 점에서 그 가치가 있다. 어린 시절 양육의 문제로 인해 형성된 문제를 극복할 수 있는 첫 번째 시기는 청소년기일 것이다. 자아 정체감이 형성되고 자아가 급격하게 성장하는 시기에 문학치료 프로그램이 지닌 치유의 힘을 발휘하여 왜곡된 가족관계에서 힘들어하는 청소년에게 성장의 기회를 제공할 수 있다.

내담자마다 각기 경험의 양상이 다르고 개성이 다른 양상을 나타내었지만, 문학치료 프로그램을 통해 자기 삶을 성찰하고 이전과는 다른 새로운 눈으로 자기 삶을 바라보는 계기를 얻을 수 있다. 문학치료 프로그램은 문학이라는 치료적 매개체를 활용함으로써 변화의 가능성이 크고 감수성이 예민한 청소년의 자아 성장을 이루고 자아 성장 발달을 촉진한다. 청소년의 예민하고 섬세한 감성과 문학치료의 감성적인 접근이 잘 어울려 문학치료 내담자의 긍정적인 자아변화와 자아 성장을 이루어 낼 수 있다.

✿ 청소년을 위한 문학치료의 의의

　문학치료 프로그램을 통해 내담자는 자신의 삶을 탐색하고 성찰한다. '과거의 나'를 객관적으로 보고 새로운 눈으로 가족관계를 바라보는 거리두기를 통해 내담자의 자기서사가 변화한다.

　내담자가 성장의 속도가 눈에 띄게 빠른 초기 청소년기에 문학치료 프로그램을 적용하여 후기 청소년기에 이르는 과정을 따라가는 종단적인 자아 성장 발달 단계를 이루어 낼 수 있다. 물론 이러한 자기서사의 변화와 성장은 자연스럽게 일어나는 청소년기의 인지적 · 정서적 발달과 동반된 것이라고 본다. 그러한 성장의 시기에 문학치료 프로그램이 길을 잃은 청소년의 힘든 삶에 밝은 등대 역할을 할 수 있을 것이다. 청소년은 부모와의 관계의 어려움으로 인해 삶의 고난과 힘든 성장의 아픔을 겪고, 삶의 길을 잃고 헤매는 경우가 많다. 문학치료 프로그램을 통해 심청을 만나고 바리데기를 만나면서 비록 문학작품 서사 속 인물이지만 심청과 바리데기가 내담자의 친구도 되고, 자기와 비슷한 부모로 인한 어려움을 겪는 아이로 투사되어 내담자가 그 인물을 위로도 하고 공감도 하면서 같이 눈물을 닦아 주는 문학치료 상담과정에 동참하게 된다.

　청소년을 위한 문학치료의 의의를 정리해 보면 다음과 같다.

　첫째, 문학치료적인 공감과 연민의 활동을 통해 자신의 경험을 투사하고 직면한다. 내담자는 자신의 아버지를 심봉사와 동일시하고 어머니를 잃은 심청의 처지에 깊이 공감한다. 너무 당연하게 생각해 오던 자기 삶을 되돌아보고 성찰하면서 새로운 자기 삶을 인식한다.

둘째, 문학치료의 다양한 활동을 통해 그동안 표현하지 못했던 묵었던 감정들을 토로하고 자기 심층 내면을 깊이 있게 성찰한다. 내담자는 작품서사에 대한 반응 활동과 다시 쓰기 활동 등을 통해 매우 적극적으로 자기 내면을 탐색하고 문학적으로 상상력을 발휘하여 내면의 고통을 표현함으로써 카타르시스를 얻는다. 그동안 힘들어했던 삶에 대한 거리두기를 통해 자신의 현실을 직면하고 묵었던 감정들을 쏟아 내는 문학치료적 치유를 경험한다.

셋째, 문학치료 전 과정을 통하여 내담자의 자기서사가 보충·강화·통합되어 건강하게 성장하는 발달적 과정을 거쳤다. 내담자는 초기문학치료 단계에서 문학치료라는 안전한 매개를 통해 부모에 대한 자기인식을 부정적으로 표출하였으며, 자신이 너무나 당연시하던 경험에 대한 자기 삶을 돌아보았다. 초기 프로그램을 따라가면서 점차 작품서사에 몰입하여 심청의 삶에 자기 삶을 투사하여 자신의 부당한 경험으로 인한 삶의 고통에 직면한다. 그 후 심청의 서사에 몰입하여 각 내담자별 다양한 양상으로 새로운 가족에 대한 인식과 자아인식이 변화하는 모습을 보인다.

이처럼 내담자들은 문학치료 프로그램을 통해 과거의 상처를 딛고 건강한 자아 성장의 단계로 나아가는 사례를 보여 주었다. 무엇보다 문학치료 프로그램의 성과는 내담자들의 적극적인 참여와 문학치료 상담 활동에 대한 흥미와 관심이 있었음을 밝힌다. 문학치료의 힘은 "삶이 곧 문학이고 문학이 삶이다."라는 명제이며, 아이의 삶이 심청 서사와 바리데기 서사에 그대로 녹아 있어서 공감하고 공명하는 문학치료적 가치가 드러났다고 말할 수 있을 것이다.

참고문헌

강민정, 유금란(2020). 부모화 경험과 우울과의 관계: 자존감과 타인 승인의 순
    차적 매개효과. 한국심리학회지, 12(2).

강원희, 유순화, 윤경미(2010). 청소년의 부모화 경험과 심리적 부적응 관계. 중
    등교육연구, 58(3).

강지수(2020). 부모화와 자녀의 사회정서발달과의 관계에 관한 메타분석. 숙명
    여자대학교 심리치료대학원.

구경모, 유순화(2012). 청소년의 부모화 경험과 자아 분화의 관계. 상담학연구,
    13(6).

김병석(2015). 카렌 호나이의 정신분석. 서울: 하나의학사.

김영민(2006). 〈바리데기〉 무가의 신화비평적 연구-자기실현의 과정을 중심
    으로. 한국언어문학, 58.

김유숙(1998). 가족치료 이론과 실제(3판). 서울: 학지사.

김유정(2014). 북한이탈여성의 부모화경험. 사회과학연구, 40(2).

김은영(2009). 청소년의 부모화 경험과 자기개념 및 수치심과의 관계. 숙명여
    자대학교 대학원 석사학위논문.

김정애(2015). 학교 부적응 학생 진단을 위한 작품서사 탐색과 문학치료프로그
    램 설계-역기능적 지연행동을 중심으로-. 고전문학과 교육, 30.

김정애, 황혜진(2010). 아동의 설화반응 사례로 본 문학치료 프로그램의 효과
    연구-'교육적 배려 대상자의 문해력 신장을 위한 문학치료 프로그램'
    을 대상으로-. 한국문학치료연구, 14.

김정택, 심혜숙(1992). Murray Bowen의 정신역동적 가족치료모델. 인간이해, 13.

김효현(2019). 부모화된 청소년을 위한 문학치료 사례연구. 문학치료연구, 53.

나지영(2009). 문학치료학의 자기서사 개념 검토. 문학치료연구, 13.

노성숙(2005). 신화를 통해 본 여성 주체의 형성- 바리공주 텍스트 분석을 중심으로, 한국여성학, 21(2).

류인균(2004). 한국 고소설에 나타난 오이디푸스 콤플렉스. 서울: 서울대학교출판부.

문비(2006). 부모화 경험이 대인관계에 미치는 영향. 숙명여자대학교 대학원 박사학위논문.

문소희, 유순화, 윤경미(2014). 지각된 부모화 경험이 청소년의 안녕감에 미치는 영향: 정서표현 양가성의 매개효과. 청소년 복지연구, 16(3).

문은미, 최명선(2008). 부모화 경험과 자아정체감의 관계에서 자아분화의 매개효과. 상담 및 심리치료, 20(4).

박종수(2013). 융심리학과 정서. 서울: 학지사.

박효순(2014). 부모화된 성인자녀의 자아분화를 돕기 위한 보웬적 가족치료. 서울여자대학교 사회복지기독대학원 석사학위논문.

서사와문학치료연구소(2016). 행복한 삶과 문학치료. 서울: 쿠북.

석미정(2016). 자녀의 부모화(Parentification)에 관한 국내연구동향 분석. 한국가족관계학회지, 21(2).

성유선, 이소연(2020). 청소년 및 대학생 부모화가 부정적 영향을 미치는 심리사회적 변인에 대한 메타 분석. 한국놀이학회지, 23(3).

성정희(2008). 설화를 활용한 소아기 우울증 아동의 문학치료 사례연구. 건국대학교 대학원 석사학위논문.

손주리(2021). 청소년 부모화 경험이 대인관계에 미치는 영향. 전남대학교 대학원 사회복지학협동과정 박사학위논문.

신동흔(2005). 치유의 서사로서의 무속신화-그 문학치료적 힘에 대한 단상. 문학치료연구, 2.

신동흔(2013). 바리데기: 야야 내 딸이야 내가 버린 내 딸이야. 서울: 휴머니스트.

신동흔(2016). 문학치료학 서사이론과 그 보완 확장 방안 연구. 문학치료연구, 38.

신동흔(2017). 우리 신화 상상 여행: 신화로 인문 읽기. 서울: 나라말.

신동흔(2018). 〈바리공주〉 신화에서 낙화의 상징성과 주체적 의미. 구비문학연구, 49.

신동흔(2018). 문학치료를 위한 서사분석요소와 체계연구. 문학치료연구, 49.

신동흔, 김정은, 김혜미, 박재인, 박현숙, 범효춘, 성정희, 신경남, 은현정, 이동희, 이원영, 이혜경, 조은상, 조홍윤, 고전과출판연구모임(2010). 프로이트, 심청을 만나다. 서울: 웅진지식하우스.

신말숙, 심혜원(2017). 부모화에 관한 이론적 고찰: 상담에서의 시사점을 중심으로. 한국심리학회지, 36(1).

안재현(2018). 청소년의 부모화 경험이 심리적 안녕감에 미치는 영향. 명지대학교 대학원 석사학위논문.

양호정, 심준섭(2015). 장애형제와 함께 성장한 여성의 경험과 삶: Giorgi의 현상학적 분석방법 중심으로. 정서·행동장애 연구, 31(1).

유순화(2005). 청소년의 부모화 경험과 가족 건강성 지각 간의 관계. 교사교육연구, 51(3).

유순화(2005). 청소년의 부모화 경험과 가족 건강성 지각 간의 관계. 교사교육연구, 51(3).

유순화(2010). 청소년의 부모화 경험과 안녕감 간의 관계. 청소년학연구, 17.

유영대(1989). 심청전 연구. 서울: 문학아카데미.

이동희(2010). '부모화된 아이'를 위한 〈심청가〉의 문학치료적 의의, 구비문학연구, 30.

이문규(1981). 한국고전 산문 연구. 서울: 동화문화사.

이민희(2007). 서사무가 바리데기에 나타난 욕망의 의미와 바리데기 신화의 현재성– 김복순이 본 바리데기를 중심으로, 국문학연구, 15.

이부영(1998). 분석심리학: C. G. Jung의 인간심성론. 서울: 일조각.

이부영(2002). 분석심리학의 탐구3: 자기와 자기실현 · 하나의 경지, 하나가 되는 길. 서울: 한길사.

이성준(2011). 통섭의 자리에 서서. 경기: 태학사.

이유경(2010). 한국 민담에서 살펴본 여성의 부성 콤플렉스- 〈심청전〉과 〈바리공주〉 중심으로. 심성연구, 25(1).

이지선(2019). 다문화가정 아동과 일반가정 아동의 부모화 경험이 내재화 문제에 미치는 영향 비교: 내면화된 수치심과 자아분화의 매개효과. 명지대학교 대학원 박사학위논문.

이지영(2017). 연민과 공감의 서사로 본 심청전, 고전문학연구, 52.

이찬희(2015). 조영아, 부모의 자율성 지지가 대학생의 대인관계 문제에 미치는 영향-자기수용의 매개효과, 청소년학연구.

이혜영, 최연실(2016). 대학생의 부모화 유형에 따른 관계적 자기 인식. 가족과 문화, 28(1).

장영란(2008). 한국 여성-영웅 서사의 희생의 원리와 자기 완성의 철학 -'딸'의 원형적 이미지 분석과 '효' 이데올로기 비판. 한국여성철학, 9.

전영숙(2004). 〈바리공주〉를 활용한 문학치료의 실제 및 그 교육적 활용방안 연구. 건국대학교 대학원 박사학위논문.

전현옥, 유영달(2016). 동적 가족화(KFD) 반응에 나타난 기능적 가족과 역기능 가족의 모-자 상호작용 특성 비교. 한국가족복지학, 21(4).

정보영(2010). 한국가정의 맏이문제와 치유에 관한 연구: 보웬의 가족치료 이론 중심으로. 상명대학교 복지상담대학원 석사학위논문.

정선아, 이정숙(2001). 자아성장 프로그램이 여중생의 자아개념에 미치는 영향. 정신간호학회지, 10(3), 324.

정운채(2004). 고전문학 교육과 문학치료. 국어교육, 113.

정운채(2004). 고전문학: 〈바리공주〉의 구조적 특성과 문학치료적 독해, 겨레어

문학, 33.

정운채(2004). 서사의 힘과 문학치료방법론의 밑그림. 고전문학과 교육, 8.

정운채(2005). 인간관계의 발달과정에 따른 기초서사의 네 영역과 〈구운몽〉 분석 시론. 문학치료연구, 3.

정운채(2006). 문학치료의 이론적 기초. 서울: 문학과 치료.

정운채(2007). 문학치료학의 학문적 특성과 인문학의 새로운 전망. 겨레어문학, 39.

정운채(2008). 문학치료학의 서사이론. 문학치료연구, 9.

정운채(2011). 심리학의 지각, 기억, 사고와 문학치료학의 자기서사. 문학치료연구, 20.

정운채(2012). 자기서사의 변화 과정과 공감 및 감동의 원리로서의 서사의 공명. 문학치료연구, 25.

정운채, 강미정, 하은하, 윤미연, 조은상, 조영주, 조은심, 방유리나, 강서영, 나지영, 이동희, 성정희, 박재인, 손영은, 김혜미, 노진희, 김정희, 노영윤, 권도영, 고남식, 전영숙, 조혜원, 조진하, 김수영, 조경희, 최윤경, 박미경, 박민, 오은경, 서문준, 이혜선, 임희섭, 김한영, 박정수, 배윤정, 건국대학교 서사와문학치료연구소, 건국대학교 통일인문학연구단 치료프로그램개발팀, 한국문학치료학회(2013). 문학치료학의 분야별 연구 성과. 서울: 문학과치료.

정출헌(2003). 〈심청전〉의 전승양상과 작품세계에 대한 고찰, 한국민족문화, 22.

정출헌(2013). 심청전: 어두운 눈을 뜨니 온 세상이 장관이라. 서울: 휴머니스트.

정하영(1990). 한국고전소설작품론, 서울: 집문당.

조동일(1988). 심청전에 나타난 비장과 골계, 한국고소설연구.

조두영(1976). 孝子孝女에 있어서의 孝의 精神分析, 서울醫大雜誌, 17(2).

조은상(2011). 〈구덩덩신선비〉의 각편 유형과 자기서사의 관련 양상. 겨레어문학, 46.

조은상(2015). 〈해와 달이 된 오누이〉를 활용한 메타글쓰기의 자기성찰 양상. 문학치료연구, 35.

조은상(2018). 문학치료의 발달적 접근. 고전문학과 교육, 37.

조은영(2004). 부모화된 자녀의 심리적 특성 및 가족 내 영향력 연구, 중앙대학교 대학원 박사학위논문.

조은영(2004). 자녀의 부모화와 관련된 심리적 특성들의 탐색. 한국심리학회지, 9(1).

조은영(2005a). 부모화된 자녀의 개인적 및 가족관계적 특성: 자기보고 및 상담을 통한 질적 분석. 상담 및 심리치료.

조은영(2005b). 부모화된 자녀의 개인적 및 가족관계적 특성: 자기보고 및 상담을 통한 질적 분석. 한국심리학회지, 17(4).

조은영, 정태연(2004). 자녀의 부모화와 관련된 심리적 특성들의 탐색. 한국심리학회지, 여성 9.

조현설(2018). 바리데기와 巫의 윤리, 국문학회, 37.

지미선(2010). 성장기의 부모화 경험이 청소년의 자아존중감과 대인관계에 미치는 영향. 한국외국어대학교 대학원 석사학위논문.

차주환(2011). 청소년 신경증과 부모와의 애착 안정성이 사회기술에 미치는 영향: 주의 조절과 공감의 매개역할. 건국대학교 대학원 박사학위논문.

최명선, 강지희(2008). 부모화 경험이 청소년의 우울과 불안에 미치는 영향. 한국놀이치료학회지, 11(1).

최유리, 송현주(2018). 출생순위에 따른 부모화 경험과 자기분화의 관계. 인문사회21, 9(3).

최혜진(2006). 〈심청전〉의 문학치료적 접근, 문학치료연구, 4.

하은하(2010). 정신분열증에 대한 문학치료학적 접근과 서사지도, 문학치료연구, 14.

홍은주(2018). 부모화 경험을 한 미혼여성의 탈부모화 경험연구. 가톨릭대학교

상담심리대학원 석사학위논문.

홍은주, 유금란(2020). 부모화된 자녀의 탈부모화 경험연구: 성인 초기여성을 중심으로. 한국사회복지질적연구, 14(1).

황혜진(2015). 신경증에 걸린 고전소설의 인물들－주생전의 배도, 운영전의 안평대군과 유영을 대상으로－. 고소설연구, 41.

황혜진(2016). 자기서사 진단도구의 개발 현황과 개선 방안. 문학치료연구, 38.

황혜진(2018). 공감과 연민을 위한 예술교육의 역할과 교육내용－ 판소리 문학교육을 중심으로. 고전문학연구, 53.

황혜진(2018). 완벽주의 개선을 위한 문학치료 프로그램의 설계와 실행, 겨레어문학, 61.

황혜진, 조은상(2010). 문해력 수준을 고려한 단계적 문학치료 프로그램의 효과－교육적 배려 대상자의 문해력신장을 위한 문학치료 프로그램을 중심으로－. 문학치료연구, 15.

황혜진, 조은상, 김혜미, 김지혜, 김현희(2015). 초기 청소년기 폭력성의 문학치료적 중재를 위한 시론－폭력성 진단을 위한 폭력 상황의 유형화를 중심으로－. 겨레어문학, 55.

Bettelheim, B. (1975). *The Uses of Enchantment: The Meaning and Importance of Fairy Tales.* 김옥순, 주옥 공역(1998). 옛 이야기의 매력 1. 서울: 시공주니어.

Bettelheim, B. (1975). *The Uses of Enchantment: The Meaning and Importance of Fairy Tales.* 김옥순, 주옥 공역(1998). 옛 이야기의 매력 2. 서울: 시공주니어.

Bowen, M. (1978), Family Therapy in clinical Practice. New York: Jason Aronson,

Holmes, J. (1993). *John Bowlby and Attachment Theory.* 이경숙 역(2005). 존

볼비와 애착이론. 서울: 학지사.

Horney, K. (1950). *Neurosis and Human Growth: The Struggle Toward Self-Realization*. 서상복 역(2015). 내가 나를 치유한다: 신경증 극복과 인간다운 성장. 서울: 연암서가.

Horney, K. (1992). *Our Inner Conflicts: A Constructive Theory of Neurosis*. 이희경, 윤인, 이해리, 조한익 공역(2006). 신경증적 갈등에 대한 카렌 호나이의 정신분석. 서울: 학지사.

Horney, K. (2005). *The Neurotic Personality of Our Time*. 정명진 역(2015). 우리 시대는 신경증일까. 서울: 부글북스.

Preiss, I. T. (2012). *Family Constellation Revealed*. 오규영 역(2016). 가족과 관계의 얽힘을 풀어내는 가족세우기. 서울: 학지사.

Sibylle, B. (1993). *Mutter im Marchen*. 이유경 역(2012). 민담의 모성상 : 모성 원형과 모성 콤플렉스의 융 심리학적 연구. 서울: 분석심리학연구소.

찾아보기

저자 소개

김효현(Hyo Hyeon, Kim)

어려서부터 이야기를 좋아하고 문학의 아름다움에 빠져, 밤새워 책을 읽고 삶의 비밀을 여는 지혜의 열쇠를 찾고자 했다. 국어교사가 된 후 학생들에게 문학수업을 통해 공감과 대화의 경험을 나누는 시간을 만들고자 노력해 왔다. 이러한 관심이 융심리학을 접하는 계기가 되었고, 연세대학교 대학원에서 상담심리학으로 석사공부를 하면서 학생들 마음의 문제를 들여다보는 심리상담활동을 했다. 이어서 교원대학교 대학원에서 국어교육학 석사를 하면서 당시 연구 활동을 하고 있던 탈북학생들의 적응 활동을 돕는 연구도 했다. 예전부터 공부해 오던 심리학과 제일 좋아하던 문학교육의 만남이 문학치료학이라는 새로운 길로 나를 이끌었다. 건국대학교 대학원에서 청소년을 위한 문학치료 연구로 박사학위를 받고 1급 문학치료 상담사 자격을 얻었다. 지금은 문학치료 상담전문가로서 청소년의 마음의 문제를 문학치료를 통해 치유하는 상담 활동을 하고 있고, 다문화 청소년 등 다양한 청소년의 성장과 적응을 돕는 연구 활동을 진행 중이다.

〈주요 저서〉

청소년 다문화 감수성 증진 프로그램 〈다가감〉 초등 매뉴얼(이주배경청소년 지원재단, 2022)

중학교 국어 Ⅰ(북한 이탈학생을 위한 보충교재)(한국교육개발원, 2012)

탈북 학부모 자녀교육 매뉴얼(한국교육개발원, 2011)

하나둘 학교 국어교과서(한국교육개발원, 2010)

하나원 하나둘학교 교육과정(한국교육개발원, 2009)

전략적 글 읽기를 통한 맞춤식 논술 워크북(서울시교육연구정보원, 2008)

새터민 청소년의 초기 적응을 위한 상담 및 복지 프로그램 개발(교육부, 2007)

중학교 새터민 학생 맞춤식 국어 워크북(서울시교육연구정보원, 2006)

청소년의 자아성장을 위한

문학치료

Self-growth Literary Therapy for Adolescents

2023년 2월 10일 1판 1쇄 인쇄
2023년 2월 20일 1판 1쇄 발행

지은이 • 김효현
펴낸이 • 김진환
펴낸곳 • (주) **학지사**

04031 서울특별시 마포구 양화로 15길 20 마인드월드빌딩
대표전화 • 02)330-5114　　　　팩스 • 02)324-2345
등록번호 • 제313-2006-000265호

홈페이지 • http://www.hakjisa.co.kr
페이스북 • https://www.facebook.com/hakjisabook

ISBN 978-89-997-2833-4 93180

정가 17,000원

출판미디어기업 **학지사**

간호보건의학출판 **학지사메디컬** www.hakjisamd.co.kr
심리검사연구소 **인싸이트** www.inpsyt.co.kr
학술논문서비스 **뉴논문** www.newnonmun.com
교육연수원 **카운피아** www.counpia.com